GRAMMAIRE

FRANÇAISE

D'APRÈS LES NOUVEAUX PROGRAMMES

À L'USAGE

DES ÉCOLES PRIMAIRES

PAR

ÉLOI DEMAZIER

Instituteur public

BREVETÉ DU DEGRÉ SUPÉRIEUR.

La base de la connaissance de
toute langue, c'est la grammaire.
Tisson.

BEAUVAIS

IMPRIMERIE D. PÈRE, RUE SAINT-JEAN

1873

X

Ⓒ

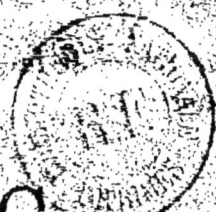

GRAMMAIRE

FRANÇAISE

Propriété de l'auteur.

Tout exemplaire non revêtu de la griffe de l'auteur sera réputé contrefait.

GRAMMAIRE

FRANÇAISE

D'APRÈS LES NOUVEAUX PROGRAMMES

A L'USAGE

DES ÉCOLES PRIMAIRES

PAR

ÉLOI DEMAZIER

Instituteur public

BREVETÉ DU DEGRÉ SUPÉRIEUR.

La base de la connaissance de
toute langue, c'est la grammaire.
TISSOT.

BEAUVAIS

IMPRIMERIE D. PÈRE, RUE SAINT-JEAN

1873

PRÉFACE.

Une réforme, depuis longtemps reconnue nécessaire, est aujourd'hui demandée par l'Université grâce à l'initiative de M. Gréard, directeur général de l'enseignement primaire.

Il s'agit de mettre nos livres classiques à la portée des jeunes élèves de nos écoles primaires. Or, jusqu'ici, le but n'a pas été atteint : les grammaires, surtout, sont faites sur un plan visiblement défectueux. En effet, tandis que la partie pratique abonde en détails, la partie théorique, celle qui ouvre et féconde l'intelligence, n'est qu'imparfaitement traitée. Voilà le mal qu'il est urgent de détruire.

Sans doute, il importe que les exercices d'application soient variés avec sagesse et gradués avec intelligence ; mais ce qu'il importe par-dessus tout — et c'est par là que se caractérise véritablement une bonne grammaire — c'est que la partie théorique soit expliquée avec tant de simplicité, de clarté et de précision, que les élèves la saisissent sans effort. Autrement, ils se fatiguent vite d'apprendre sans comprendre des règles formulées en termes obscurs parce qu'ils sont vagues ou incomplets, et toujours au-dessus de leur portée.

Dans cette grammaire, fruit de laborieuses études, nous nous sommes efforcé d'amener et d'énoncer les définitions le plus simplement possible. Nous espérons donc avoir rempli une tâche d'autant plus importante que, le principe étant bien posé et bien compris, l'application doit s'en faire avec plus de facilité.

En présentant ce nouveau livre aux jeunes élèves de nos écoles primaires, notre seul désir est de contribuer au développement de leurs facultés intellectuelles par la diffusion des connaissances regardées, à bon droit, comme les plus utiles parce qu'elles sont les plus indispensables.

DEMAZIER.

Solente, le 15 mai 1873.

GRAMMAIRE FRANÇAISE.

CHAPITRE Iᵉʳ.

NOTIONS PRÉLIMINAIRES.

1. — *Combien y a-t-il de* lettres?

Il y a vingt-cinq *lettres*, savoir :

a, b, c, d, e, f, g, h, i, j, k, l, m, n, o, p, q, r, s, t, u, v, x, y, z.

2. — *En combien de classes divise-t-on ces vingt-cinq* lettres?

On divise ces vingt-cinq *lettres* en deux classes : 1° la classe des lettres appelées *voyelles*; 2° la classe des lettres appelées *consonnes*.

3. — *Quelles sont les lettres appelées* voyelles? *et pourquoi les appelle-t-on ainsi?*

Les lettres appelées *voyelles* sont :

a, e, i, o, u, y.

Elles sont ainsi appelées parce que, prononcées seules, elles forment chacune un *son* ou une *voix* distincte. En effet, les six lettres *voyelles* :

a, e, i, o, u, y,

prononcées seules, forment chacune le son ou la voix distincte que l'on connaît :

a, e, i, o, u, y.

4. — *Quelles sont les lettres appelées* consonnes, *et pourquoi les appelle-t-on ainsi?*

Les lettres appelées *consonnes* sont :

b, c, d, f, g, h, j, k, l, m, n, p, q, r, s, t, v, x, z.

Elles sont ainsi appelées : 1° parce que l'usage ne reconnaît pas de son ou de voix distincte à

chacune de ces consonnes prononcées seules ;
2° parce que chacune, pour former un son ou
une voix distincte, a besoin du secours de l'une
des six voyelles.

Ainsi, la consonne *b* forme avec chacune des six
voyelles, les sons ou les voix :

ba, be, bi, bo, bu, by.

Il en est de même pour les autres consonnes.

5. — *Qu'appelle-t-on* syllabe?

On appelle *syllabe* une ou plusieurs lettres
qu'on prononce en une seule émission de voix,
c'est-à-dire d'un seul coup de voix. Ainsi, la
lettre *é* forme une syllabe, les deux lettres *co*
forment également une syllabe, les deux lettres
le forment aussi une syllabe.

6. — *Qu'appelle-t-on* mot?

On appelle *mot* une ou plusieurs syllabes
réunies pour exprimer quelque chose. Ainsi, la
réunion des trois syllabes précédentes : *é-co-le*,
forme le mot *école*, exprimant l'endroit où l'on
enseigne aux enfants à lire, à écrire et à compter.
Si les syllabes forment les mots, ceux-ci, à leur
tour, forment les phrases.

7. — *Qu'appelle-t-on* phrase?

On appelle *phrase* un ensemble de mots ayant
un sens complet. Ainsi, l'ensemble des mots suivants : *Les hirondelles bâtissent leurs nids aux
fenêtres des maisons*, forme une phrase, parce
que le sens est complet.

8. — *Combien distingue-t-on de sortes de
voyelles ?*

On distingue deux sortes de voyelles, savoir :
1° les voyelles *longues*, 2° les voyelles *brèves*.

9. — *Qu'appelle-t-on voyelles* longues?
Qu'appelle-t-on voyelles brèves?

On appelle voyelles *longues*, les voyelles sur
lesquelles on doit appuyer la voix en les prononçant.

On appelle voyelles *brèves* les voyelles sur lesquelles on doit passer rapidement en les prononçant.

Ainsi :

La voyelle *a* est longue dans plâtre et brève
dans quatre ;

La voyelle **e** est longue dans arrêt et brève dans petit ;

La voyelle **i** est longue dans épître et brève dans petite ;

La voyelle **o** est longue dans apôtre et brève dans dévote ;

La voyelle **u** est longue dans flûte et brève dans butte.

10. — *Combien distingue-t-on de sortes d'e ?*

On distingue trois sortes d'*e* l'*e* muet, l'*e* fermé, l'*e* ouvert.

11. — *Qu'appelle-t-on **e** muet ? **e** fermé ? **e** ouvert ?*

On appelle *e* muet, l'*e* qu'on ne doit point faire entendre dans la prononciation. Ainsi, les *e* des mots : blouse, robe, cravate, sont des *e* muets parce qu'on ne doit point les faire entendre en prononçant bien ces mots.

On appelle *e* fermé, l'*e* qu'on doit prononcer la bouche presque fermée. Ainsi, les *e* des mots : vérité, bonté, sont des *e* fermés, parce que, pour bien les prononcer, il faut presque fermer la bouche.

On appelle *e* ouvert, l'*e* qu'on doit prononcer en ouvrant beaucoup la bouche. Ainsi, les *e* des mots procès, succès, sont des *e* ouverts, parce que, pour bien les prononcer, il faut ouvrir beaucoup la bouche.

12. — *De quoi se sert-on pour distinguer la plupart des différentes sortes d'e et la plupart des voyelles longues.*

Pour distinguer la plupart des différentes sortes d'*e*, et la plupart des voyelles *longues*, on se sert de signes particuliers qu'on appelle *accents*.

13. — *Combien y a-t-il de sortes d'accents ?*

Il y a trois sortes d'*accents*, savoir : 1° l'accent aigu, 2° l'accent *grave*, 3° l'accent *circonflexe*.

14. — *Où se mettent l'accent aigu, l'accent grave, et l'accent circonflexe ?*

L'accent *aigu* (') se met sur la plupart des *e* fermés. Ainsi, les signes qui sont écrits sur les *e* de vérité, véracité, sont des accents *aigus*.

L'accent *grave* (`) se met sur la plupart des *e* ouverts. Ainsi, les signes qui sont écrits sur *e* de succès, procès, sont des accents *graves*.

L'accent *circonflexe* (^) se met sur la plupart des voyelles longues. Ainsi, les signes qui sont écrits sur *a* dans plâtre, sur *u* dans flûte, sur *e* dans bête sont des accents *circonflexes*.

15. — *Outre les accents, n'y a-t-il pas d'autres signes particuliers servant à modifier la prononciation de certaines lettres?*

Oui, outre les accents, on distingue encore d'autres signes particuliers servant à modifier la prononciation de certaines lettres, ces signes sont : la *cédille* (ç), le *tréma* (¨).

16. — *Où se place la cédille et à quoi sert-elle?*

La *cédille* se place parfois sous la lettre *c* lorsque cette lettre est suivie, soit de la voyelle *a*, soit de la voyelle *o*, soit de la voyelle *u*. Ainsi, on écrira : je traçais, je reçois, il reçut. La présence de la cédille sous la lettre *c* a pour effet de lui donner la prononciation de l's. Aussi, les mots : traçais, reçois, reçut, sont-ils prononcés : tra-sais, re-sois, re-sut.

17. — *Où se place le tréma et à quoi sert-il?*

Le (¨) se place parfois sur l'une des voyelles *e*, *i*, *u*. Il sert à faire prononcer séparément cette voyelle de celle qui la précède. La voyelle sur laquelle se trouve un *tréma* est toujours précédée d'une autre voyelle.

Ainsi, dans les mots : *ciguë, haïr, Saül,* la présence du tréma sur les voyelles *e*, *i*, *u*, indique qu'il faut les prononcer séparément de la voyelle qui les précède. On prononcera ces trois mots : *cig-ue, ha-ir, Sa-ul.* De cette manière, il y a deux syllabes qui sont prononcées dans chaque mot. Sans le *tréma*, les trois mots : *ciguë, haïr, Saül* seraient prononcés chacun en une seule syllabe : *cigue, hair, Saul.*

18 — *Comment s'appellent les signes connus sous le nom d'accents, de cédille, de tréma?*

Ces signes s'appellent signes *orthographiques*.

19. — *Ne connaît-on pas encore d'autres signes orthographiques?*

Oui, l'on connaît encore deux signes orthographiques : le *trait-d'union* et l'*apostrophe*.

20. — *A quoi sert le trait-d'union (-)?*

Le *trait-d'union* (-), comme son nom l'indique,

sert généralement à unir plusieurs parties d'un même mot ou plusieurs mots pour n'en former qu'un seul. Ainsi, le mot *pied-à-terre*, composé des trois parties ou des trois mots : *pied*, *à*, *terre*, a ses trois parties ou ses trois mots réunis par deux signes appelés : *trait-sd'union*. Sans ces deux traits-d'union, les trois parties du mot *pied-à-terre*, formeraient trois mots distincts, mais avec ces deux traits-d'union, les trois parties ne forment qu'un seul mot, ou mieux les trois mots n'en forment plus qu'un seul et deviennent les parties de ce mot.

21. — *A quoi sert l'apostrophe (')?*

L'*apostrophe* est un signe orthographique (') servant parfois à remplacer l'une des voyelles finales, *a*, *e*, *i*, de certains mots, lorsque les mots qui les suivent commencent par une voyelle. Ainsi, le mot *je*, placé devant le mot *avoue*, perd la lettre *e*, qui est remplacée par le signe appelé *apostrophe*, et on écrit : *j'avoue* au lieu de *je avoue*, parce que le mot *avoue* commence par une voyelle.

22. — *Qu'y a-t-il à remarquer sur la voyelle y?*

Il y a à remarquer qu'elle a deux prononciations : tantôt elle se prononce comme la voyelle *i*, tantôt, au contraire, comme s'il y en avait *deux* de suite.

La voyelle *y* a la valeur de deux *i* toutes les fois qu'elle se trouve placée dans le corps d'un mot, soit entre deux voyelles comme dans *moyen*, soit seulement après une voyelle, comme dans *pays* que l'on prononce : *moi-ien*, *pai-is*.

L'*y* a la valeur d'un *i* dans tous les autres cas, qu'il soit placé au commencement des mots, comme dans *yole*; à la fin des mots, comme dans *bey*, ou dans le corps des mots, après une consonne, comme dans *lycée*, qu'on prononce : *iole*, *bei*, *licée*.

23. — *Qu'y a-t-il à remarquer sur la consonne h?*

La consonne *h* est tantôt muette et tantôt aspirée dans la prononciation.

On dit qu'elle est muette lorsqu'elle est nulle pour la prononciation. Ainsi, dans le mot *homme*, la consonne *h* est muette, attendu qu'on doit prononcer le mot *homme*, comme si cette lettre n'était pas écrite.

La consonne *h* est aspirée lorsque dans la prononciation du mot elle doit être fortement prononcée ; on est pour ainsi dire obligé de faire avec le gosier une forte aspiration. Ainsi, dans le mot *héros*, la consonne *h* est aspirée, attendu que dans la prononciation du mot *héros* on doit la faire fortement sentir.

24. — *En combien de classes divise-t-on tous les mots employés pour parler la langue française?*

Tous les mots employés pour parler la langue française se divisent en dix classes, savoir : 1° le *nom*, 2° l'*article*, 3° l'*adjectif*, 4° le *pronom*, 5° le *verbe*, 6° le *participe*, 7° l'*adverbe*, 8° la *préposition*, 9° la *conjonction*, 10° l'*interjection*.

25. — *Comment s'appellent les mots des six premières classes?*

Les *mots* des six premières classes s'appellent mots *variables*, vu qu'ils peuvent varier, c'est-à-dire changer dans leur orthographe, ou dans leur manière de s'écrire.

26. — *Comment s'appellent les mots des quatre dernières classes?*

Les *mots* des quatre dernières classes sont appelés mots *invariables*, parce qu'ils ne changent pas dans leur orthographe.

Tout ce qu'il faut connaître pour savoir bien parler et bien écrire, avec tous ces mots, c'est ce qu'apprend la grammaire. Donc :

27. — *Qu'est-ce que la grammaire?*

La *grammaire* est l'ensemble des connaissances nécessaires à savoir pour bien parler et bien écrire.

CHAPITRE II.

NOM.

Tout ce qui existe a été divisé en trois classes : 1° la classe des *personnes* (comme les hommes et les femmes); 2° la classe des *animaux* (comme les oiseaux et les poissons); 3° la classe des *choses* (comme les maisons et les arbres, la terre et la pierre, le courage et la bonté). Pour reconnaître chacune des personnes, chacun des animaux et chacune des choses, on leur a donné des noms particuliers. C'est ainsi que les personnes ont reçu les noms de Louis, Ernest, Henri, etc.; les animaux ceux de cheval, pierrot, papillon, etc.; les choses, enfin, ceux de pommier, caillou, adresse, bonté, etc.

Eh bien! ces mots : Louis, Ernest, Henri, cheval, pierrot, papillon, pommier, caillou, adresse, bonté, qui servent à nommer des personnes, des animaux ou des choses, s'appellent *noms* ou *substantifs*. Donc :

28. — *Qu'appelle-t-on noms ou substantifs?*

On appelle *noms* ou *substantifs* les mots qui servent à nommer les personnes, les animaux et les choses.

NOMS COMMUNS ET NOMS PROPRES.

On a remarqué que parmi tous ces noms, il y en a qui conviennent indistinctement à un certain nombre de personnes, d'animaux ou de choses, comme le nom *femme*, qui convient à toutes les *femmes*; le nom *cheval*, qui convient à tous les *chevaux*; le nom *poirier*, qui convient à tous les *poiriers*; le nom *ruse* qui convient à toutes les *ruses*. Enfin, on en a remarqué d'autres qui conviennent à une seule personne, à un seul animal, à une seule chose, comme le nom *Clovis* qui ne convient qu'à la personne appelée *Clovis*; le nom *Azor*, qui ne convient qu'au chien appelé *Azor*; le nom *France*, qui ne convient qu'à notre belle patrie.

Les noms qui conviennent indistinctement à toutes les personnes, à tous les animaux ou à toutes les choses s'appellent *noms communs*. Ceux, au contraire, qui conviennent à une seule personne, à un seul animal, à une seule chose, s'appellent *noms propres*. Donc :

29. — *Combien y a-t-il de sortes de noms?*

Il y a deux sortes de *noms*, savoir : les *noms communs* et les *noms propres*.

30. — *Qu'appelle-t-on* noms communs?

On appelle *noms communs* les noms qui
viennent indistinctement à toutes les p...
à tous les animaux ou à toutes les ch...

31. — *Qu'appelle-t-on* noms propres?

On appelle *noms propres* les noms qu...
nent à une seule personne, à un seul...
à une seule chose.

NOTA. — Les noms propres comm...
çons par une grande lettre.

GENRE DES NOMS

Parmi les noms, il y en a qui ...
des êtres semblables, s'écrivent de deu...
cette différence provient uniquement ...
dans la nature, il y a des êtres se...
se cherchent, se trouvent et se ...
à deux. C'est ainsi que l'on voit, viv...
même toit, l'homme et la femme, ...
caverne, le lion et la lionne, dans le ...
le serin et la serine. Pour distinguer ...
ces deux êtres, on leur a donné des nom...
rent; c'est ainsi que dans l'union des êtr...
humains, l'un, qui soigne ses petits enfant...
reçu le nom de mère, de femme; ...
travaille pour nourrir, pour protéger ...
les enfants, a reçu le nom de père. ...
même, pour les deux animaux lion et lion...
unis ensemble, vivent dans la même ...
l'un, qui soigne ses petits lionceaux, ...
nom de mère, de lionne; l'autre, qui pr...
mère et les lionceaux, a reçu le nom de ...
lion. Ainsi des autres êtres unis deux ...
Tous les êtres qui sont mères, ou qui sont ...
pour l'être, sont nommés êtres *femelles*; ...
les êtres qui sont pères, ou qui sont né...
l'être, sont nommés êtres *mâles*. De cette ...
tinction des êtres mâles et femelles, il ...
qu'il y a deux classes, deux genres d'êtres ...
férents par leurs fonctions. Tous les êtres mâles
sont du genre appelé *masculin*, et tous les êtr...
femelles sont du genre appelé *féminin*.

Quand aux êtres qui ne s'unissent pas, qui
restent isolés, ils ne sont ni *mâles*, ni *femelles*.

ils ne devraient être par conséquent ni du genre *masculin*, ni du genre *féminin*; mais l'usage a rangé tous ces noms, les uns dans la classe des noms *masculins*, les autres dans la classe des noms *féminins*. C'est ainsi que les noms *pierre*, *terre*, *honnêteté*, ont été rangés dans la classe des noms *féminins*, et que les noms *ciel*, *soleil*, *courage*, ont été rangés dans la classe des noms *masculins*. Donc :

32. — *Combien y a-t-il de* genres *dans les* noms?

Il y a deux *genres* dans les noms, savoir : le *genre masculin* et le *genre féminin*.

33. — *Qu'appelle-t-on* genre masculin?

On appelle *genre masculin* la propriété qu'ont les noms de désigner les êtres mâles.

34. — *Qu'appelle-t-on* genre féminin?

On appelle *genre féminin* la propriété qu'ont les noms de désigner les êtres femelles.

Nota. — Pour s'aider à reconnaître le genre des noms, l'élève fera bien de se servir du moyen suivant. Chaque fois que les noms peuvent être précédés de *un* ou *le*, ils sont du *genre masculin*. Ainsi, on reconnaît que les deux noms, *trou* et *caillou*, sont du *genre masculin* parce que, dans l'usage, on peut les faire précéder de *un* ou de *le*. Ces deux mots sont les signes du *genre masculin*; On dit donc : *un trou*, *le trou*; *un caillou*, *le caillou*. De même, pour reconnaître le *féminin*, il faut voir si, dans l'emploi des noms, il est d'usage de les faire précéder de *une* ou *la*; on reconnaîtra donc que les deux noms *plume* et *bouteille* sont du *genre féminin* parce qu'en employant ces noms, il est d'usage de les faire précéder de *une* ou *la*; en effet, on dit *une plume*, *la plume*; *une bouteille*, *la bouteille*.

DU NOMBRE DANS LES NOMS.

Nous venons de voir que les noms se divisent en deux classes, relativement au genre, savoir les noms masculins et les noms féminins. Mais ces noms, qu'ils soient du masculin ou du féminin, désignent une ou plusieurs choses. Quand les noms ne désignent qu'une seule personne, un

1.

seul animal ou une seule chose, on dit alors que ces noms sont du nombre *singulier*. Exemple ces trois noms : une *femme*, un *mouton*, une *tuile*. Quand, au contraire, les noms désignent plusieurs personnes, plusieurs animaux ou plusieurs choses, comme ces trois noms : des *femmes* des *moutons*, des *tuiles*, on dit alors que ces noms sont du nombre *pluriel*. Comme on le voit, les noms, outre leur genre, sont du nombre *singulier* ou du nombre *pluriel*. Donc :

35. — *Qu'appelle-t-on nombre dans les noms, et combien y en a-t-il?*

On appelle *nombre* dans les noms la propriété qu'ils ont d'indiquer l'unité ou la pluralité, c'est-à-dire une ou plusieurs personnes, un animal ou plusieurs animaux, une ou plusieurs choses. Il y a deux nombres : le *nombre singulier* et le *nombre pluriel*.

FORMATION DU PLURIEL DANS LES NOMS.

Les noms n'ont pas généralement la même orthographe au pluriel qu'au singulier. En écrivant sans *s*, au singulier, les noms *pantalon* et *chemise*, on se conforme à l'usage; mais au pluriel, ces noms changent dans leur orthographe, c'est-à-dire dans la manière de s'écrire; la différence consiste dans la lettre *s* qui termine les mêmes noms écrits au pluriel : des *pantalons*, des *chemises*. Donc :

36. — *Comment forme-t-on le pluriel dans les noms?*

RÈGLE GÉNÉRALE. — On forme le *pluriel* dans les noms en ajoutant la lettre *s* au singulier : un élève, des élèves; un maître des maîtres. Comme on le voit, quand on parle de plusieurs élèves, on ajoute la lettre *s* au nom élève, écrit au singulier. Il en est de même du nom maître, qui prend une *s* pour désigner plusieurs maîtres : ainsi des autres.

37. — *N'y a-t-il pas des exceptions?*

Oui, il y a des exceptions, car pour s'écrire au pluriel tous les noms ne prennent pas la lettre *s*. Les voici :

PREMIÈRE. — Les noms terminés au singulier par

s comme *fils*, par *x* comme *voix*, par *z* comme *nez*, ne changent pas d'orthographe quand on les emploie au pluriel. On écrit donc de la même manière : un *fils*, des *fils*, une *voix*, des *voix*, un *nez* des *nez*.

DEUXIÈME. — Les noms terminés au singulier par *au* comme *marteau*, par *eu* comme *jeu*, prennent un *x* au lieu d'une *s* au pluriel. Ainsi, on écrira : un *marteau*, un *jeu*, des *marteaux*, des *jeux*.

Cependant les deux noms *landau* et *bleu* prennent une *s* au lieu d'un *x* pour former leur pluriel. Exemple : des *landaus*, des *bleus*.

TROISIÈME. — Sept noms terminés au singulier par *ou* prennent un *x* pour former leur pluriel; ce sont : *bijou*, *caillou*, *chou*, *genou*, *joujou*, *hibou*, et *pou*, qui font au pluriel : des *bijoux*, des *cailloux*, des *choux*, des *genoux*, des *joujoux*, des *hiboux* et des *poux*. Les autres noms terminés au singulier par *ou* suivent la règle générale, c'est-à-dire prennent une *s* pour former leur pluriel.

QUATRIÈME. — Les noms terminés au singulier par *al*, comme *végétal*, *animal*, forment leur pluriel en changeant *al* en *aux*. Ainsi, *animal* fait *animaux* au pluriel; *végétal* fait *végétaux*, etc.

Pourtant : *bal*, *cal*, *carnaval*, *caracal*, *cérémonial*, *chacal*, *narval*, *nopal*, *pal*, *sandal*, *serval*, *régal*, suivent la règle générale pour former leur pluriel, c'est-à-dire prennent une *s*. Exemple : des *bals*, des *cals*, etc.

CINQUIÈME. — Les noms terminés au singulier par *ail* forment leur pluriel en changeant *ail* en *aux*; ce sont : *bail*, *corail*, *émail*, *soupirail*, *travail*, *vantail* et *vitrail*, qui font : *baux*, *coraux*, *émaux*, *soupiraux*, *travaux*, *vantaux*, et *vitraux*.

Ail prend une *s* pour le pluriel de la plante. Exemple : des *ails*. Il fait *aulx* pour désigner les bulbes, les oignons de la plante.

Bétail fait *bestiaux* au pluriel.

Les autres noms terminés au singulier par *ail*, suivent la règle générale, c'est-à-dire prennent une *s* pour former leur pluriel. Ainsi, on écrira : un *attirail*, des *attirails*; un *détail*, des *détails*.

SIXIÈME. — Les trois noms : *œil*, *aïeul*, *ciel*,

ont des pluriels irréguliers. Ainsi, *ciel* fait au pluriel tantôt *cieux* et tantôt *ciels*. *Aïeul* fait au pluriel tantôt *aïeuls* et tantôt *aïeux*. *Œil* fait au pluriel tantôt *œils* et tantôt *yeux*.

Ciel fait *cieux* au pluriel, quand on parle de la voûte céleste où brillent le soleil, la lune et les étoiles. Exemple : Les *cieux* sont l'ouvrage de Dieu.

Ciel fait *ciels*, au pluriel, dans tous les autres cas. Exemple : l'Espagne et l'Italie sont sous de beaux *ciels*. Dans cet exemple : *ciel* est pris dans le sens de température, de climat. On dira aussi : des *ciels* de lit, des *ciels* de tableaux, etc.

Œil fait *yeux* au pluriel lorsque l'on parle des organes de la vue. Exemple : Les *yeux* sont le miroir de l'âme.

Œil fait *œils* au pluriel, dans la plupart des autres cas. Exemple : Les *œils*-de-perdrix sont des cors aux pieds. Cependant, on dit les *yeux* du pain, du fromage, etc.

Aïeul fait *aïeuls* au pluriel, lorsqu'on parle du grand-père et de la grand'mère. Exemple : Mes *aïeuls* existent encore.

Aïeul fait *aïeux* au pluriel, lorsqu'on parle des ancêtres en général. Exemple : mes *aïeux* étaient originaires de Paris.

NOMS COMPOSÉS.

Deux ou plusieurs mots réunis en un seul et servant à nommer des personnes, des animaux ou des choses, s'appellent *nom composé*. Ainsi, les deux mots *garde* et *malade*, réunis pour n'en former qu'un seul et servant à désigner la personne qui garde les malades, forment un nom composé : *garde-malade*. Par conséquent : *chat-tigre, loup-garou, chou-fleur*, etc., sont des noms composés. Donc :

38. — *Qu'appelle t-on* noms composés ?

On appelle *noms composés* plusieurs mots servant à nommer des personnes, des animaux ou des choses.

NOTA. — Les différents mots formant le nom composé sont généralement unis par des traits-d'union.

DES COLLECTIFS.

39. — *Qu'appelle-t-on noms* collectifs?

On appelle *collectifs* des noms qui, tout en restant au singulier, présentent à l'esprit l'idée de plusieurs personnes, de plusieurs animaux ou de plusieurs choses. Exemple : une *foule* de personnes, la *moitié* des humains, une *troupe* de soldats.

40. — *Combien distingue-t-on de sortes de* collectifs?

On distingue deux sortes de *collectifs* : 1° le *collectif général*, 2° le *collectif partitif*.

41. — *Qu'appelle-t-on* collectif général?

On appelle *collectif général* celui qui désigne la *totalité*, la réunion complète de ce dont on parle. Exemple : la *troupe*, le *peuple*. Ces deux collectifs, par exemple, désignent bien la totalité, la réunion complète de la troupe, du peuple. C'est comme s'il y avait : *toute* la troupe, *tout* le peuple.

42. — *Qu'appelle-t-on* collectif partitif?

On appelle *collectif partitif* celui qui désigne seulement une partie de ce qu'il sert à nommer. Exemple : *une* troupe, *un* peuple. Ces deux collectifs désignent seulement *une partie* de ce qu'ils servent à nommer. On ne désigne plus toute la troupe, mais seulement une partie.

CHAPITRE III.

ARTICLE.

Par les noms nous connaissons les personnes, les animaux et les choses, mais seulement d'une manière vague et générale : prenons pour exemple ces mots : *clocher de paroisse* ; le sens des deux noms est si vague, que je puis désigner ainsi tout *clocher* de n'importe quelle *paroisse*. Mais si je dis : *Le clocher de la paroisse* ; la signification des noms est modifiée et tellement précisée que je ne puis entendre que le *clocher* et *la paroisse* que j'ai en vue. Ces mots *le*, *la*, qui servent à déterminer le nom, sont des articles.

Donc :

43. — *Qu'appelle-t-on* article ?

On appelle *article* un mot servant à déterminer les noms, c'est-à-dire à faire mieux connaître leur signification.

De ce qui précède nous devons conclure que l'article sert à déterminer les noms singuliers de tout genre : *le clocher*, *la paroisse* ; il peut aussi servir à déterminer les noms pluriels des deux genres : *Les enfants dociles. Les filles modestes.* Ces trois mots, *le*, *la*, *les*, sont des articles.

44. — *Qu'y a-t-il à remarquer dans l'emploi des articles* le *la* ?

Dans l'emploi des articles *le*, *la*, on doit remarquer que chaque fois qu'ils sont immédiatement devant des mots commençant par une voyelle ou une h muette, ils perdent le premier, la lettre e ; le deuxième la lettre a, qu'on remplace par une apostrophe.

Ainsi, devant le mot *homme* qui commence par une h muette, l'article *le* perd la lettre e qui est remplacée par une apostrophe. De cette manière, au lieu de dire *le homme*, on dira : *l'homme*. Il en est de même pour l'article *la* placé devant le mot *amitié*, par exemple, qui commence par une voyelle ; l'article *la* perd la lettre a, qui est également remplacée par une apostrophe. On dira donc *l'amitié* au lieu de *la amitié*.

Cette suppression de la lettre e pour l'article *le*, de la lettre a pour l'article *la* s'appelle *Elision*.

45. — *Des articles contractés ou composés* ?

Lorsque les mots *de* et *à* précèdent l'article *le*, *les*, ils se joignent à lui pour ne faire qu'un seul mot ; c'est ce qu'on appelle *contraction de l'article.*

Ainsi, au lieu de dire :

Causer *à le* président ; on dit : causer *au* président.

Causer *à les* présidents ; on dit : causer *aux* présidents.

Causer *de le* président ; on dit : causer *du* président.

Causer *de les* présidents; on dit : causer *des* présidents.

Parler *à le* héros, on dit : parler *au* héros.

Parler *à les* héros, on dit parler *aux* héros.

Parler *de le* héros, on dit : parler *du* héros.

Parler *de les* héros, on dit parler : *des* héros.

46. — *Comment sont appelés ces mots :* au, aux, du, des?

Ces mots *au*, *aux*, *du*, *des*, sont appelés *articles contractés*.

NOTA : La construction de l'article se fait devant les mots pluriels des deux genres; mais au singulier, elle n'a lieu que devant un mot commençant par une consonne ou une h aspirée : *à le* se change donc en *au*, *à les* se change en *aux*, *de le* en *du*, et *de les* en *des*.

47. — *Comment sont appelés les articles* le, la, les?

Les articles *le*, *la*, *les* sont appelés *articles simples*.

L'article *la* est le féminin de *le*.

L'article *les* est le pluriel de *le*.

D'où il suit que nous n'avons en réalité qu'un article, qui est *le*, susceptible du genre et du nombre.

Les articles contractés ne sont plus que des formes de l'article simple.

CHAPITRE IV.

ADJECTIFS.

Les mots qui servent à nommer les personnes, les animaux et les choses, s'appellent noms. Il y a d'autres mots qui servent à exprimer les qualités, les défauts, les propriétés des noms, ou à déterminer les noms en y ajoutant une idée de démonstration, de possession, de nombre, d'ordre, de généralité. Ces mots s'appellent *adjectifs*. Ainsi, quand je dis *cet* homme *savant*, *mon* ami *perfide*, *deux* hommes, *deuxième* page, *aucune* maison, les mots *savant* et *perfide* qui servent à exprimer, l'un la qualité du nom homme, l'autre le défaut du nom ami, c'est-à-dire à qualifier ces deux noms, sont des adjectifs.

Les mots : cet, mon, deux, deuxième, aucune, qui servent à la fois à déterminer les noms, c'est-à-dire à les mieux faire connaître, en y ajoutant une idée de démonstration, d'indication, de possession, de nombre et d'ordre, de généralité, sont des mots appelés adjectifs. Donc

48. — Qu'appelle-t-on adjectifs?

On appelle adjectifs, les mots qui servent à qualifier ou à déterminer les noms.

49. — En combien de classes les divise-t-on?

Les adjectifs se divisent en deux classes, savoir : 1° les adjectifs qualificatifs, et 2° les adjectifs déterminatifs.

ADJECTIFS QUALIFICATIFS.

50. — Qu'appelle-t-on adjectifs qualificatifs?

On appelle adjectifs qualificatifs les mots qui servent à qualifier, c'est-à-dire à faire connaître les qualités, les défauts ou les propriétés des noms.

Ainsi, dans ces exemples : les enfants studieux, les élèves paresseux, les plantes médicinales, ces trois mots : studieux, paresseux, médicinales, sont trois adjectifs qualificatifs parce qu'ils servent à qualifier des noms, c'est-à-dire à faire connaître la manière d'être des noms. En effet, studieux indique la qualité des enfants, paresseux le défaut des élèves, et médicinales la propriété des plantes.

ADJECTIFS DÉTERMINATIFS.

51. — Qu'appelle-t-on adjectifs déterminatifs?

On appelle adjectifs déterminatifs les mots qui déterminent les noms en y ajoutant une idée de possession, d'indication, de nombre, d'ordre de généralité. Ainsi, dans ces exemples : son château, ces bouquets, quatre maisons, quatrième feuillet, chaque chose, les mots son, ces, quatrième, *chaque*, sont des *adjectifs déterminatifs* parce qu'ils servent à déterminer les noms *château, bouquet, maisons, feuillet, chose*, en y ajoutant : le premier, une idée de possession (*son château*) ; le deuxième, une idée de démonstration (*ces bouquets*) ; le troisième, une idée de nombre (*quatre maisons*) ; le quatrième, une idée d'ordre, de rang (*quatrième feuillet*) ; le cinquième, une idée vague, générale, indéfinie (*chaque chose*).

52. — *Combien compte-t-on de sortes d'adjectifs déterminatifs ?*

On compte quatre sortes d'*adjectifs déterminatifs* : les adjectifs déterminatifs *possessifs*, 2° les adjectifs déterminatifs *démonstratifs*, 3° les adjectifs déterminatifs *numéraux*, 4° les adjectifs déterminatifs *indéfinis*.

Nota. — On dit simplement : adjectifs *possessifs, démonstratifs, numéraux, indéfinis*, vu que l'appellation de déterminatifs convient à tous indistinctement ; il en résulte qu'on omet ce qualificatif pour désigner ces sortes d'adjectifs.

ADJECTIFS POSSESSIFS.

53. — *Qu'appelle-t-on adjectifs possessifs ?*

On appelle *adjectifs possessifs* les adjectifs qui déterminent les noms en y ajoutant une idée de possession. Ainsi, dans cet exemple : « Nous aimons notre patrie, » le mot *notre* est adjectif *possessif* parce qu'en même temps qu'il détermine le nom patrie, il y ajoute une idée de possession ; en effet, nous aimons non pas une patrie quelconque, mais la patrie française, cette grande patrie à laquelle nous avons l'honneur d'appartenir.

54. — *Quels sont les adjectifs possessifs ?*

Les *adjectifs possessifs* sont :

Mon, ton, son, qui s'emploient pour déterminer les noms masculins singuliers.

Ma, ta, sa, qui s'emploient pour déterminer les noms féminins singuliers.

Notre, votre, leur, qui s'emploient pour déterminer les noms singuliers, qu'ils soient du masculin ou du féminin.

Mes, tes, ses, nos, vos, leurs, qui s'emploient pour déterminer les noms pluriels, qu'ils soient du masculin ou du féminin.

Nota. — Toutes les fois que les adjectifs *ma, ta, sa* précèdent immédiatement des mots commençant par une voyelle ou une h muette, il faut les remplacer par les adjectifs masculins *mon, ton, son. Mon* pour *ma, ton* pour *ta, son* pour *sa.* Ainsi, on dira : *mon* âme, *ton* épée, *son* humeur, parce que ces mots commencent par une voyelle ou une h muette.

ADJECTIFS DÉMONSTRATIFS.

55. — *Qu'appelle-t-on* adjectifs démonstratifs ?

On appelle *adjectifs démonstratifs* ceux qui déterminent les noms en y ajoutant une idée de démonstration, d'indication. Ainsi, dans cet exemple : « Cette maison neuve est jolie. » Le mot *cette* est un *adjectif démonstratif,* parce qu'en même temps qu'il détermine le nom maison il y ajoute une idée de démonstration, d'indication. En effet, on voit la maison en disant : *cette* maison.

56. — *Quels sont les* adjectifs démonstratifs ?

Les *adjectifs démonstratifs* sont :

Ce, cet, qui s'emploient pour déterminer les noms masculins singuliers.

Cette, qui s'emploie pour déterminer les noms féminins singuliers.

Ces, qui s'emploie pour déterminer les noms pluriels, qu'ils soient du masculin ou du féminin.

Nota. — On met l'adjectif *ce* devant les mots commençant par une consonne ou une h aspirée. Ainsi, dans cet exemple : « Ce soldat est devenu ce héros tant vanté, » on a employé le même adjectif démonstratif *ce* parce que les mots devant lesquels il se trouve placé commencent : l'un par une consonne *(soldat);* et l'autre par une h aspirée *(héros).*

L'adjectif démonstratif masculin singulier *cet* s'emploie devant les mots commençant par une voyelle ou une h muette. Exemple : « Cet homme coupa cet arbrisseau. » Les deux mots *homme* et *arbrisseau*, commençant l'un par une voyelle, l'autre par une h muette, exigent l'adjectif démonstratif *cet*.

ADJECTIFS NUMÉRAUX.

57. — Q'appelle-t-on adjectifs numéraux.

On appelle *adjectifs numéraux* les adjectifs qui déterminent les noms en y ajoutant une idée de nombre ou d'ordre. Ainsi, dans cet exemple : *trois* soldats, *troisième* soldat, les deux mots *trois* et *troisième* sont deux *adjectifs numéraux* parce qu'ils déterminent les noms *soldats*, *soldat*, en y ajoutant : le premier une idée de nombre (*trois* soldats), le second une idée d'ordre, de rang (*troisième* soldat).

58. — *En combien de classes divise-t-on les* adjectifs numéraux.

On divise les *adjectifs numéraux* en deux classes, savoir : 1° les adjectifs numéraux *cardinaux*, 2° les adjectifs numéraux *ordinaux*.

59. — *Qu'appelle-t-on* adjectifs numéraux cardinaux.

On appelle *adjectifs numéraux cardinaux* les adjectifs qui déterminent les noms en y ajoutant une idée de nombre, comme *un*, *deux*, *trois*, *quatre*, etc. Dans cet exemple : « Il y a sept jours dans une semaine » le mot *sept*, qui détermine le nom jours en y ajoutant une idée de nombre, est un *adjectif numéral cardinal*.

60. — *Qu'appelle-t-on* adjectifs numéraux ordinaux.

On appelle *adjectifs numéraux ordinaux* les adjectifs qui déterminent les noms en y ajoutant une idée d'ordre ou de rang comme *deuxième*, *troisième*.

Dans cet exemple : « Une belle histoire est racontée dans le tome cinquième, » le mot *cinquième* est un *adjectif numéral ordinal*, parce qu'il détermine le nom *tôme* en y ajoutant une idée d'ordre ou de rang (*cinquième*).

NOTA. — Les adjectifs numéraux sont toujours invariables, excepté *vingt*, *cent* et *mille* qui peuvent varier.

ADJECTIFS INDÉFINIS.

61. — *Qu'appelle-t-on* adjectifs indéfinis ?

On appelle *adjectifs indéfinis* les adjectifs qui déterminent les noms en y ajoutant une idée vague, générale, indéfinie. « Chaque homme doit concourir au bien-être de tous ses semblables. » Les mots *chaque* et *tous* sont des *adjectifs indéfinis*, parce qu'ils déterminent les noms *homme* et *semblables*, en y ajoutant une idée vague, générale, indéfinie. En effet, le mot *chaque* détermine indifféremment tous les hommes ; il en est de même du mot *tous*.

62. — *Quels sont les principaux* adjectifs indéfinis ?

Les principaux *adjectifs indéfinis* sont : *aucun, autre, certain, chaque, maint, même, nul, plusieurs, quelque, quelconque, tel, tout.*

FÉMININ DES ADJECTIFS.

Les adjectifs n'ont pas de genre par eux-mêmes, mais ils prennent le genre des noms qu'ils qualifient ou qu'ils déterminent. Donc :

63. — *A quel genre sont les* adjectifs ?

Les *adjectifs* sont au même genre que les noms qu'ils qualifient ou qu'ils déterminent.

Ainsi, quand les noms sont du masculin, les adjectifs qui les qualifient ou qui les déterminent se mettent au masculin. Quand, au contraire, les noms sont du féminin, les adjectifs qui les qualifient ou qui les déterminent, se mettent au féminin.

Au masculin, les adjectifs ont leur manière de s'écrire donnée et reçue par l'usage.

Les adjectifs *poli, vert,* s'écrivent ainsi, au masculin ; au féminin, c'est-à-dire lorsqu'ils qualifieront des noms féminins, ils subiront une modification dans leur orthographe ; c'est ce que nous allons faire connaître. De là :

64. — *Comment forme-t-on le féminin dans les adjectifs ?*

Le féminin dans les adjectifs se forme en ajoutant un *e* muet à la fin du masculin. Exemples :

« Un homme poli. Une femme polie. » Dans le premier exemple, l'adjectif *poli* est au masculin, parce que le nom *homme*, qu'il qualifie, est du masculin. Dans le deuxième exemple, l'adjectif *polie* est au féminin, parce que le nom *femme*, qu'il qualifie, est du féminin. C'est pourquoi on ajoute un *e* à la fin de l'adjectif *poli*, dans le deuxième cas.

65. — *N'y a-t-il pas des exceptions à cette règle générale pour la formation du féminin dans les adjectifs?*

Oui, la règle générale pour la formation du *féminin* dans les adjectifs donne lieu à plusieurs exceptions, savoir :

PREMIÈRE. — Les adjectifs terminés au masculin singulier par un *e* muet, comme *agréable, magnifique*, ne changent pas au féminin. Ainsi, l'on dit, sans changer l'orthographe de l'adjectif, un *enfant agréable*, une *soirée agréable*, la *fête magnifique*, le *spectacle magnifique*.

DEUXIÈME. — Les adjectifs suivants doublent la dernière consonne au masculin pour former leur féminin, ce sont :

1° Les adjectifs terminés par *eil* au masculin singulier, comme *vermeil, pareil*, etc., qui font au féminin *vermeille, pareille*, etc.

2° Les adjectifs terminés par *el* au masculin, comme *paternel, maternel*, qui font au féminin *paternelle, maternelle*.

3° Les adjectifs terminés par *en* au masculin, comme *herculéen, ancien*, qui font au féminin *herculéenne, ancienne*.

4° Les adjectifs terminés par *on* au masculin, comme *bon, bouffon*, qui font au féminin *bonne, bouffonne*.

5° Les adjectifs terminés par *et* au masculin, comme *violet, net*, qui font au féminin : *violette, nette*.

Excepté : *complet, concret, discret, inquiet, replet, secret*, et leurs composés, qui, au lieu de doubler la consonne finale, prennent un accent grave sur l'e qui la précède. Exemple : *complète, concrète, discrète*, etc.

6° Parmi les adjectifs terminés au masculin par *as, ais, an, il, ot, os, ul*, il n'y a que *bas*, *lus, gros, épais, paysan, gentil, sot, vieillot, gros, nul*, qui doublent leur consonne finale avant de prendre l'e muet du féminin. Exemple : *basse, grasse*, etc.

Les adjectifs terminés au masculin par *f* comme *vif*, font leur féminin en changeant *f* en *ve*. Exemple : homme *vif*, femme *vive*.

Les adjectifs terminés au masculin par *x*, comme *jaloux*, font leur féminin en changeant l'*x* en *se*. Exemple : homme *jaloux*, femme *jalouse*. Il y a exception pour *doux, roux, faux, préfix, vieux*, qui font au féminin *douce, rousse, fausse, préfixe, vieille*.

Les adjectifs terminés par *eur* au masculin, comme *trompeur, joueur*, font au féminin *trompeuse, joueuse*, en changeant *eur* en *euse*. Il y a exception pour les adjectifs suivants :

1° *Bailleur* (désignant la personne qui donne un bail ou qui fournit de l'argent pour quelque entreprise);

2° *Chasseur* (lorsqu'il est employé dans le style poétique);

3° *Défenseur* (désignant la personne qui se défend en justice);

4° *Demandeur* (désignant la personne qui intente une action en justice);

5° *Pécheur* (désignant la personne qui commet des fautes, des péchés);

6° *Vendeur* (désignant la personne qui vend);

Ces adjectifs font au féminin : *bailleresse, chasseresse, défenderesse, demanderesse, pécheresse, venderesse*.

De plus, *majeur, mineur, meilleur* ainsi que les adjectifs terminés par *érieur*, suivent la règle générale pour la formation de leur féminin : homme *majeur*, femme *majeure*.

Les adjectifs qui sont terminés par *teur* au masculin singulier, font leur féminin en changeant *teur* en *trice*. Exemple : *persécuteur, persécutrice; acteur, actrice*.

Il y a exception pour *enchanteur* qui fait *enchanteresse*.

Les adjectifs *beau, nouveau, fou, mou, vieux*, font au masculin devant un mot commençant par une voyelle ou une h muette : *bel, nouvel*, *fol*, *mol*, *vieil*; *bel* enfant, *nouvel* impôt, *fol* espoir, *mol* édredon, *vieil* habit. Avec ce masculin, ils forment leur féminin en doublant leur consonne finale, et en prenant ensuite un e muet; *belle*, *nouvelle*, *folle*, *molle*, *vieille*. Exemple : *belle* armoire, *nouvelle* lettre, etc.

Ambassadeur fait au féminin *ambassadrice*.

Gouverneur fait au féminin *gouvernante*.

Serviteur fait au féminin *servante*.

Parmi les adjectifs qui ont un féminin irrégulier, on remarque : *blanc*, *franc*, *sec*, *frais*, *caduc*, *public*, *turc*, *bénin*, *malin*, *favori*, *coi*, *long*, *oblong*, *tiers*, *absous*, *dissous*, qui sont au féminin : *blanche*, *franche*, *sèche*, *fraîche*, *caduque*, *publique*, *turque*, *bénigne*, *maligne*, *favorite*, *coite*, *longue*, *oblongue*, *tierce*, *absoute*, *dissoute*.

Aquilain, *châtain*, *dispos*, *fat*, *muscat*, *résous*, *velin*, n'ont pas de féminin.

Rosat, *témoin*, *auteur*, *professeur*, *médecin*, *chirurgien*, etc, sont des deux genres.

PLURIEL DES ADJECTIFS.

Nous venons de voir que les adjectifs n'ont pas de genre par eux-mêmes; ils n'ont pas non plus de nombre. Mais de même qu'ils prennent le genre des noms qu'ils qualifient ou qu'ils déterminent ils en prennent aussi le nombre. D'où il s'ensuit que les adjectifs sont au même genre et au même nombre que les noms qu'ils qualifient ou qu'ils déterminent.

Au nombre singulier, les adjectifs ont leur orthographe donnée par l'usage; mais au nombre pluriel ils subissent une modification dans leur manière de s'écrire. C'est ce que nous allons faire connaître.

66. — *Comment se forme le pluriel dans les adjectifs?*

RÈGLE GÉNÉRALE. — Le *pluriel* dans les adjectifs se forme généralement en ajoutant une s au singulier. Ainsi, on écrira un enfant *instruit*, des enfants *instruits*; une maison *neuve*, des maisons *neuves*. Les adjectifs *instruit* et *neuve*, employés au singulier, sont écrits sans *s*, employés au *pluriel*, on les fait terminer avec une s.

67. — *Cette règle générale a-t-elle des exceptions?*

Oui, cette règle générale a plusieurs exceptions.

1° Les adjectifs terminées au singulier par *s, x*, comme *gras, doux*, ne changent pas au pluriel. Ainsi, on écrira un homme *doux*, des hommes *doux*; un mouton *gras*, des moutons *gras*;

2° Les adjectifs terminés au singulier par *au* comme *beau, nouveau*, prennent un *x* au pluriel. Exemple : un *beau* jardin, de *beaux* jardins; un modèle *nouveau*, des modèles *nouveaux*;

3° La plupart des adjectifs terminés au singulier par *al* comme *moral, verbal*, changent *al* en *aux* pour former leur pluriel. Exemple : un conte *moral*, des contes *moraux*; un exercice *verbal*, des exercices *verbaux*.

Parmi les exceptions, on distingue *central, fatal, final, glacial, initial, matinal, naval, pascal, théâtral, frugal, jovial*, qui font leur pluriel en ajoutant une *s*. Exemple : des événements *fatals*, des succès *théâtrals*.

Les adjectifs suivants n'ont pas de pluriel : *bénéficial, diamétral, expérimental, instrumental*.

NOTA. — Puisque l'adjectif s'accorde en genre et en nombre avec le mot auquel il se rapporte, il s'ensuit que l'adjectif sera ou au masculin singulier, si le nom qu'il qualifie ou qu'il détermine est du masculin singulier; ou au masculin pluriel, si le nom qu'il qualifie ou qu'il détermine est du masculin pluriel; ou au féminin singulier, si le nom qu'il qualifie ou qu'il détermine est du féminin singulier; ou au féminin pluriel, si le nom qu'il qualifie ou qu'il détermine est du féminin pluriel.

Si l'adjectif qualifie plusieurs noms masculins ou de différents genres, il se met au masculin pluriel. Exemple : Ce soldat et cet officier *dévoués* seront décorés. Cette femme et cet homme, *beaux* dans leur dévouement héroïque, méritent la reconnaissance publique. Les adjectifs *dévoués, beaux*, sont au masculin pluriel, parce que le premier se rapporte à plusieurs noms masculins, et le deuxième à deux noms de différents genres. Comme on le voit, le masculin l'emporte sur le féminin.

CHAPITRE V.

PRONOMS.

L'*enfant* porte à la fois dans son cœur le germe des plus hautes vertus et des plus grands défauts ; aussi, l'*enfant* deviendra bon ou méchant, selon que l'*enfant* s'efforcera de faire le bien et d'éviter le mal.

Dans cet exemple, le nom *enfant* est employé trois fois ; cette répétition continuelle du même nom n'étant pas de bon goût, on a remplacé le nom répété par un mot appelé *pronom*. Ainsi, dans l'exemple ci-dessus, en remplaçant le nom *enfant* par un mot appelé *pronom*, nous avons : L'*enfant* porte à la fois dans son cœur le germe des plus hautes vertus et des plus grands défauts ; aussi deviendra-t-*il* bon ou méchant, selon qu'*il* s'efforcera de faire le bien et d'éviter le mal. Le mot *il*, répété deux fois pour remplacer le nom *enfant*, s'appelle *pronom*. Donc :

68. — *Qu'appelle-t-on* pronoms ?

On appelle *pronoms* les mots qui servent à remplacer les noms.

69. — *Combien distingue-t-on de sortes de* pronoms ?

On distingue cinq sortes de *pronoms*, savoir : 1° les *pronoms personnels* ; 2° les *pronoms possessifs* ; 3° les *pronoms démonstratifs* ; 4° les *pronoms relatifs* ; 5° les *pronoms indéfinis*.

PRONOMS PERSONNELS.

70. — *Qu'appelle-t-on* pronoms personnels ?

On appelle *pronoms personnels* les mots qui tiennent la place des noms et qui désignent, d'une manière spéciale, les trois personnes du langage.

2

71. — *Qu'appelle-t-on* personnes du langage?

On appelle *personnes du langage*, les différents rôles que les noms peuvent remplir par rapport à l'acte de la parole.

En effet, les mêmes noms peuvent remplir différents rôles, c'est-à-dire se trouver dans différentes situations dans le langage. Ils peuvent remplir le rôle ou se trouver dans la situation de *parler;* c'est ce qu'on appelle le *premier rôle* et le nom qui remplit ce rôle est de la première personne.

Dans le deuxième rôle ce ne sont plus les noms qui parlent; on leur parle, et ces noms à qui on parle sont ce qu'on appelle de la *deuxième personne.*

Dans le troisième rôle ce sont des noms de qui l'on parle; ils ne parlent pas, on ne leur parle pas, mais on parle d'eux, et ces noms de qui l'on parle sont ce qu'on appelle de la *troisième personne.* Donc :

72. — *Combien y-a-t-il de personnes dans le langage?*

Il y a trois personnes dans le langage :

La *première* est celle qui parle ;

La *deuxième* est celle à qui l'on parle ;

La *troisième* est celle de qui l'on parle.

73. — *Quels sont les pronoms personnels?*

Les *pronoms personnels* sont :

Pour la première personne du singulier: *je, me, moi.*

Pour la première personne du pluriel : *nous.*

Pour la deuxième personne du singulier : *tu, te, toi.*

Pour la deuxième personne du pluriel : *vous.*

Les pronoms personnels pour la troisième personne du singulier sont : *il, elle, lui, le, la, soi.*

Pour la troisième personne du pluriel : *ils, elles, eux, les.*

Pour la troisième personne du singulier ou du pluriel : *leur, se, en, y.*

Nota. — Les trois mots *le, la, les,* ne sont pronoms qu'autant qu'ils accompagnent un verbe; alors ils tiennent la place d'un nom ou d'un pronom. Exemple : *ce qu'on prend il faut le rendre.*

PRONOMS POSSESSIFS.

74. — Qu'appelle-t-on pronoms possessifs?

On appelle *pronoms possessifs* les mots qui tiennent la place des noms en y ajoutant une idée de possession.

Ainsi, dans cet exemple : « Jules a ses livres, Ernest a aussi les siens. » Les *siens* est un pronom possessif, parce que c'est un mot qui tient la place du nom *livres* en y ajoutant en même temps une idée de possession. En effet : *les siens*, en tenant la place du nom *livres* y ajoute bien une idée de possession.

75. — Quels sont les pronoms possessifs?

Les *pronoms possessifs* sont :

Le mien, le tien, le sien, le nôtre, le vôtre, le leur, qui s'emploient pour tenir la place des noms masculins singuliers ;

La mienne, la tienne, la sienne, la nôtre, la vôtre, la leur, qui s'emploient pour tenir la place des noms féminins singuliers ;

Les miens, les tiens, les siens, sont les pluriels des pronoms : *le mien, le tien, le sien;*

Les miennes, les tiennes, les siennes sont les pluriels des pronoms : *la mienne, la tienne, la sienne;*

Les nôtres, les vôtres, les leurs, sont des deux genres; ils sont les pluriels des pronoms: *le nôtre, le vôtre, le leur, la nôtre, la vôtre, la leur.*

PRONOMS DÉMONSTRATIFS.

76. — Qu'appelle-t-on pronoms démonstratifs?

On appelle *pronoms démonstratifs* les mots qui tiennent la place des noms en y ajoutant une idée de démonstration, d'indication.

Ainsi, dans cet exemple : « Celui-là est indigne de vivre, qui ne vit que pour lui, » *celui-là* est un pronom démonstratif parce que c'est un mot qui tient la place d'un nom, en y ajoutant en même temps une idée d'indication, de démonstration. En effet, le mot *celui-là* en tenant la place d'un nom le montre en même temps puisqu'il le

désigne à notre attention ; ce n'est pas tel ou tel
qui est indigne de vivre, mais celui-là que l'on
indique.

77. — *Quels sont les* pronoms démonstratifs ?
Les *pronoms démonstratifs* sont :
Celui, celui-ci, celui-là, qui s'emploient pour
tenir la place des noms masculins singuliers ;
Celle, celle-ci, celle-là, qui s'emploient pour
tenir la place des noms féminins singuliers ;
Ceux, ceux-ci, ceux-là, qui s'emploient pour
tenir la place des noms masculins pluriels ;
Celles, celles-ci, celles-là, qui s'emploient pour
tenir la place des noms féminins pluriels.

Nota. — Le mot *ce* n'est pronom qu'autant
qu'il est joint à un verbe, comme dans cet
exemple : *ce* fut Parmentier qui introduisit en
France la culture de la pomme de terre, ou bien
qu'il est suivi de *qui, que, quoi, dont*. Exemple :
ce qu'il nous faut, *ce* dont je me plains.

PRONOMS RELATIFS.

78. — *Qu'appelle-t-on* pronoms relatifs ?
On appelle *pronoms relatifs* les mots qui tiennent la place des noms en y ajoutant une idée
qui les détermine ou qui les explique. Ainsi dans
cet exemple : « L'homme qui travaille remplit
son devoir, » le mot *qui* est un *pronom relatif*,
parce qu'en même temps qu'il tient la place du
nom *homme*, il le détermine.

79. — *Quels sont les* pronoms relatifs ?
Les *pronoms relatifs* sont :
Lequel, duquel, auquel, qui s'emploient pour
tenir la place des noms masculins singuliers ;
Laquelle, de laquelle, à laquelle, qui s'emploient pour tenir la place des noms féminins
singuliers ;
Lesquels, desquels, auxquels, qui s'emploient
pour tenir la place des noms masculins pluriels ;
Lesquelles, desquelles, auxquelles, qui s'emploient pour tenir la place des noms féminins
pluriels ;
Qui, que, quoi, dont, qui sont des deux
genres et des deux nombres, c'est-à-dire qu'ils
peuvent s'employer pour tenir la place : 1° des

masculins singuliers, 2° des noms mascu-
pluriels, 3° des noms féminins singuliers,
noms féminins pluriels.

PRONOMS INDÉFINIS.

— Qu'appelle-t-on pronoms indéfinis ?
appelle *pronoms indéfinis* les mots qui
la place des noms en y ajoutant une
générale, indéfinie.
dans cet exemple. « On doit rendre à
ce qui lui appartient, » les mots *on* et
sont des pronoms indéfinis parce qu'ils
la place d'un nom en y ajoutant une
générale, indéfinie. En effet, on ne
de *quel* nom il est parlé : *on* reste à son
dans le vague, l'indéfini : *on, chacun*.
— *Quels sont les principaux* pronoms
indéfinis ?
principaux *pronoms indéfinis* sont : *On,
chacun, personne, rien, quiconque, quelqu'un,
l'un l'autre.*
Nota. — Les mots : *aucun, nul, tel, certain,
plusieurs*, ne sont pronoms qu'autant qu'ils
tiennent la place des noms.

GENRE, NOMBRE ET PERSONNE DES PRONOMS.

Puisque les pronoms tiennent la place des
noms qu'ils les remplacent, ils doivent donc en
prendre le genre et le nombre. Donc :
— *De quel genre et de quel nombre sont
les pronoms ?*
Les pronoms sont du même *genre* et du même
nombre que les noms qu'ils remplacent. Exemple :
« La France est une grande nation, elle tient le
premier rang dans le monde sous bien des rapports. » Pour remplacer le nom *France*, du féminin singulier par un pronom, il faut se servir
du pronom *elle*, qui est du féminin singulier.
Nota. — Quand les pronoms remplacent plusieurs noms, ils sont du nombre pluriel et du
genre féminin si tous les noms sont du féminin.
Exemple : « La violette et la marguerite sont les
premières fleurs du printemps ; elles embaument

l'air de leurs suaves parfums. » Le pronom *elles* est du féminin pluriel, vu que les deux noms qu'il remplace : *violette* et *marguerite*, sont du féminin.

Ils seront du masculin pluriel dans tous les autres cas. Exemples : « L'homme et la femme vivent ensemble et ils élèvent leurs enfants. Ce soldat et cet officier sont décorés ; ils le méritent bien. »

Dans ces deux exemples, le pronom *ils* est du masculin pluriel vu qu'il remplace : dans le premier cas, les deux noms *homme* et *femme*, l'un du masculin, l'autre du féminin ; dans le deuxième, les deux noms (*soldat* et *officier*), tous les deux du masculin.

83. — *De quelle personne sont les pronoms ?*

Les pronoms sont de la première, de la deuxième ou de la troisième personne, selon qu'ils désignent la première, la deuxième, la troisième personne du langage.

Dans l'emploi des pronoms, il faut donc tenir compte de la personne, du genre et du nombre. Ainsi, dans cet exemple : « Élèves studieux, vous recevrez le prix de votre travail, » le pronom *vous* est de la deuxième personne parce qu'il tient la place du nom élèves, de la deuxième personne. En effet, le nom élèves représente bien les personnes auxquelles on parle, auxquelles on s'adresse.

Le pronom *vous* est en outre du masculin pluriel parce que le nom élèves, qu'il remplace, est du masculin pluriel.

CHAPITRE VI.

VERBE.

Faire quelque chose, c'est faire une *action*.

Exprimer une *manière d'être* d'une personne, d'un animal ou d'une chose, c'est exprimer un *état*.

L'action dure peu, l'état dure longtemps.

Eh bien! les mots qui expriment, soit une action, soit un état des personnes, des animaux ou des choses, s'appellent *verbes*. Ainsi, les mots *parler, courir, disparaître*, qui expriment une action que font, qu'ont faite ou que peuvent faire : les personnes *de parler*, les animaux *de courir*, les choses *de disparaître*, s'appellent *verbes*.

De même le mot *être*, par lequel on exprime un état des personnes, des animaux ou des choses, s'appelle *verbe*. Ainsi, dans cet exemple : « L'homme est une créature raisonnable, » le mot *est*, qui exprime l'état, c'est-à-dire la manière d'être dans laquelle se trouve l'homme, s'appelle *verbe*. Donc :

84. — *Qu'appelle-t-on verbe ?*

On appelle *verbe* le mot qui exprime une action ou un état des personnes, des animaux ou des choses.

85. — *Combien y a-t-il de sortes de verbes ?*

Il y a deux sortes de verbes, savoir : 1° les *verbes* qui expriment une *action* et qu'on appelle *verbes attributifs*, 2° le *verbe* qui exprime *l'état* et qu'on appelle *verbe être* ou *substantif*. Comme on le voit, il y a plusieurs *verbes* pour exprimer *l'action*, et un seul pour exprimer *l'état* : c'est le *verbe être*.

SUJET DU VERBE.

On vient de voir que le verbe est un mot qui exprime une action ou un état; mais cette action est faite par une personne, par un animal ou par une chose; cet état n'existe que parce qu'une personne, un animal ou une chose se trouve dans cet état. Le mot qui représente la personne, l'animal ou la chose faisant l'action exprimée par le verbe, ou étant dans l'état exprimé par le verbe, s'appelle *sujet*. Ainsi, dans ces exemples : « L'ivrognerie dégrade l'homme, l'homme est une créature intelligente, » les mots *ivrognerie* dans le premier exemple, et *homme* dans le deuxième, sont deux sujets. En effet, le mot *ivrognerie* est *sujet* parce qu'il représente la chose faisant *l'action* exprimée par le verbe *dégrade*; le mot *homme* est *sujet* parce qu'il représente la personne étant dans *l'état* exprimé par le *verbe*. Donc :

86. — *Qu'appelle-t-on* sujet?

On appelle *sujet du verbe* le mot représentant la personne, l'animal ou la chose faisant l'action ou étant dans l'état exprimé par le verbe.

NOTA. — On trouve le *sujet* d'un verbe en faisant avant ce verbe la question *qui est-ce qui*, ou *qu'est ce qui*. Ainsi, dans cet exemple. « L'ivrognerie dégrade l'homme, » le verbe étant le mot *dégrade*, je place avant ce verbe la question *qu'est-ce qui*. En effet, qu'est-ce qui dégrade? J'ai pour réponse : *ivrognerie* ou le sujet cherché. Quand le sujet vient en réponse à la question *qui est-ce qui*, il représente une *personne*, et quand il vient en réponse avec la question *qu'est-ce qui*, c'est qu'il représente un *animal* ou une *chose*. Voilà pourquoi, dans l'exemple ci-dessus, nous faisons la question *qu'est-ce qui*, le sujet *ivrognerie* étant une *chose*.

COMPLÉMENTS DU VERBE.

Le mot qui exprime une action s'appelle verbe ; le mot représentant la personne, l'animal ou la chose faisant l'action qu'exprime le verbe s'appelle sujet ; mais celui qui complète, c'est-à-dire qui fait mieux connaître l'action exprimée par le verbe et faite par le sujet, s'appelle *complément*. Ainsi, dans ces exemples : « La vertu ennoblit les âmes. L'homme vient de Dieu. » Ce mot *âmes* est *complément* parce qu'il complète l'action exprimée par le verbe *ennoblit* et faite par le sujet *vertu*.

Le mot *Dieu* est *complément* parce qu'il complète l'action exprimée par le verbe *vient* et faite par le sujet *homme*. Donc :

87. — *Qu'appelle-t-on* complément ?

On appelle *complément* le mot qui com c'est-à-dire qui fait mieux connaître l'———— exprimée par le verbe.

NOTA. — Le verbe être n'a pas de *complém* ce qui semble le compléter n'en est que *l'attribut.* Dans cet exemple : « La nature est admirable, » ce dernier mot *admirable* est *l'attribut* du sujet du verbe, de *nature*.

D'où l'on voit que *l'attribut* est le mot exprimant la *manière d'être* du sujet.

DES COMPLÉMENTS DIRECT ET INDIRECT.

Dans les deux exemples que nous venons de voir : La vertu ennoblit les âmes. L'homme vient de Dieu, » les mots *âmes* et *Dieu* sont deux *compléments*, mais ils ne complètent pas le verbe de la même manière. Le mot *âmes*, qui répond à la question *quoi*, faite après le verbe, s'appelle *complément direct*. Exemple : La religion ennoblit quoi? — Les âmes. » Le mot *Dieu*, qui répond à la question *de qui*, est un *complément indirect*. Exemple : « L'homme vient de qui? — De Dieu. » Ainsi, tous les compléments qui répondent à l'une des questions *qui* ou *quoi*, faite après le verbe, s'apellent *compléments directs*. De même, tous les compléments qui répondent aux questions *à qui*, *à quoi*, *de qui*, *de quoi*, *par qui*, *par quoi*, etc., ou à la question *qui* ou *quoi* précédée de l'un des mots suivants : *a*, *de*, *par*, *pour*, *dans*, *en*, etc., s'appellent *compléments indirects*. Quand le complément répond aux questions *qui*, *à qui*, *de qui*, etc., c'est que le complément désigne une *personne*. Quand il répond aux questions *quoi*, *à quoi*, *de quoi*, etc, c'est que le complément désigne un *animal* ou une *chose*.

Ainsi, de ces deux sortes de compléments, l'un s'appelle *direct* et l'autre *indirect*.

Le premier s'appelle *direct*, parce qu'il répond *immédiatement* à la question *qui* ou *quoi*.

Le deuxième s'appelle *indirect* parce qu'il répond à la question *qui* ou *quoi* précédée d'une préposition.

De là ces appellations de *complément direct*, et *complément indirect*. Donc :

88. — *Qu'appelle-t-on* complément direct ?

On appelle *complément direct* le mot qui complète, d'une manière directe, l'action exprimée par le verbe.

89. — *Qu'appelle-t-on* complément indirect ?

On appelle *complément indirect*, le mot qui

2.

complète, d'une manière indirecte, l'action exprimée par le verbe.

Nota. — Les autres mots pouvant avoir un complément, tels que le nom, l'adjectif, etc., n'ont qu'un *complément déterminatif*. Exemple : « L'air de la campagne est favorable à la santé. » *Campagne* est le *complément déterminatif* de *air*, et *santé* celui de l'adjectif *favorable*.

CHAPITRE VII
MODE, TEMPS, PERSONNE ET NOMBRE.

Puisque les verbes expriment une action ou un état,

1° Quelles sont les différentes manières dont se servent les verbes pour exprimer d'action ou l'état?

2° Quelle est l'époque de l'action ou de l'état exprimé par le verbe?

3° De quelle personne est le sujet?

4° De quel nombre est le sujet?

Telles sont les quatre choses que l'on remarque dans les verbes et qui influent sur leur orthographe.

Ces quatre choses ont reçu les noms : la première de *mode*, la deuxième de *temps*, la troisième, de *personne*, la quatrième, de *nombre*. Donc :

90. — *Combien il y a-t il de choses à remarquer dans les verbes?*

Il y a quatre choses à remarquer dans les verbes, savoir : 1° le mode, 2° le temps, 3° la personne, 4° le nombre.

MODE.

Le verbe exprime une action ou un état; mais cette action ou cet état peut être exprimé de plusieurs manières. On en compte cinq, qui ont reçu le nom de *modes*. Donc:

91. — *Qu'appelle-t-on* modes, *et combien en distingue-t-on de sortes?*

On appelle *modes* les différentes manières qu'ont les verbes d'exprimer l'action ou l'état.

On compte cinq *modes*, savoir : le mode *indicatif*, le mode *conditionnel*, le mode *impératif*, le mode *subjonctif*, le mode *infinitif*.

TEMPS.

Nous venons de voir que les verbes ont cinq manières d'exprimer l'action ou l'état ; mais indépendamment de ces manières, les verbes peuvent exprimer l'action ou l'état dans une époque qui n'est plus, qui existe au moment de la parole, ou qui doit arriver, ces différentes époques s'appellent *temps*. Donc :

92. — *Qu'appelle-t-on* temps *dans les verbes?*

On appelle *temps* dans les verbes les différentes époques dans lesquelles les verbes expriment l'action ou l'état.

93. — *Combien distingue-t-on de* temps?

On distingue trois *temps* principaux, c'est-à-dire trois époques principales pour exprimer l'action ou l'état.

1° L'époque qui n'est plus, et qu'on appelle *temps passé ;*

2° L'époque qui existe au moment de la parole et qu'on appelle *temps présent ;*

3° L'époque qui n'est pas encore arrivée et qu'on appelle *temps avenir.*

De ces trois temps, *passé*, *présent*, *futur*, deux, le *passé* et le *futur*, en comprennent encore plusieurs. Dans le temps *passé* l'on distingue plusieurs sortes de passés, de même dans le temps *futur* l'on distingue plusieurs sortes de *futurs*. Quant au temps *présent*, il ne comprend qu'un temps. Le moment de la parole étant indivisible, on ne peut concevoir plusieurs sortes de temps *présents* dans ce qui ne peut se présenter que dans un seul instant.

94. — *Combien compte-t-on de* temps passés, *et quels sont-ils?*

On compte cinq *temps passés*, qui sont :

1° L'*imparfait*,

2° Le *passé défini*,
3° Le *passé indéfini*,
4° Le *passé antérieur*,
5° Le *plus-que-parfait*.

95. — *Combien compte-t-on de* temps futurs?
On compte deux *temps futurs*, savoir:
1° Le *futur*,
2° Le *futur antérieur*.

Nota. — Il y a donc *huit temps*, savoir: un *temps présent*, deux *temps futurs* et cinq *temps passés*.

PERSONNE.

Nous venons de voir que les verbes expriment l'action ou l'état dans trois époques différentes et de cinq manières également différentes. Cette action ou cet état a un sujet, et ce sujet est de la première, de la deuxième, de la troisième personne. L'orthographe du verbe varie selon que le sujet est de l'une des trois personnes. Il y a donc relation, rapport intime entre la personne du sujet et l'orthographe du verbe. Donc:

96. — *Qu'appelle-t-on* personne *dans les* verbes?

On appelle *personne* dans les verbes la forme différente qu'ils prennent pour marquer leur relation, leur rapport, avec la première, la deuxième, la troisième personne grammaticale.

Quand le sujet du verbe est de la première personne, le verbe est à la première personne. Ainsi, dans cet exemple: « Je parle, » le sujet *je* étant de la *première personne*, le verbe parler se met à la *première personne*.

Quand le sujet du verbe est de la *deuxième personne*, le verbe est à la *deuxième personne*. Ainsi, dans cet exemple: « Enfants, vous êtes l'espérance de la patrie, » le sujet *vous* étant de la *deuxième personne*, le verbe se met à la *deuxième personne*.

Quand le sujet du verbe est de la *troisième personne*, le verbe se met à la *troisième personne*. Ainsi, dans cet exemple: « Les arbres se couvrent de feuilles au printemps, » le sujet *arbres* étant de la *troisième personne*, le verbe est à la *troisième personne*.

NOMBRE.

Les sujets, qu'ils soient de la première, de la deuxième ou de la troisième personne, sont du singulier ou du pluriel, car ils représentent une seule personne, un seul animal, une seule chose, ou plusieurs personnes, plusieurs animaux, ou plusieurs choses.

Quand ils représentent une seule personne, un seul animal ou une seule chose, ils sont du *nombre singulier*, et le verbe est aussi au *nombre singulier*.

Quand ils représentent plusieurs personnes, plusieurs animaux, plusieurs choses, ils sont du *nombre pluriel*, et le verbe est aussi au *nombre pluriel*. Donc :

97. — *Qu'appelle-t-on* nombre ?

On appelle *nombre* la forme que prend le verbe pour marquer son rapport avec le *singulier* ou le *pluriel*. Exemple : « L'homme est une créature intelligente, les hommes sont des créatures intelligentes. » Dans le premier cas, le sujet homme étant du *nombre singulier*, le verbe est aussi au *nombre singulier*; dans le deuxième, le sujet hommes étant du *nombre pluriel*, le verbe se met aussi au *nombre pluriel*.

CONJUGAISONS, TERMINAISON ET RADICAL.

98. — *En combien de classes se divisent les verbes ?*

Tous les verbes se divisent en quatre classes, appelées *conjugaisons* :

1° Tous les verbes terminés au présent de l'infinitif par *er*, comme *aimer, chanter*, forment la première classe ou la première conjugaison;

2° Tous les verbes terminés au présent de l'infinitif par *ir*, comme *finir, retenir*, forment la deuxième classe ou la deuxième conjugaison;

3° Tous les verbes terminés au présent de l'infinitif par *oir*, comme *recevoir, pouvoir*, forment la troisième classe ou la troisième conjugaison;

4° Tous les verbes terminés au présent de

l'infinitif par *re*, comme *rendre*, *prendre*, forment la quatrième classe ou la quatrième conjugaison.

99. — *Qu'appelle-t-on* terminaison, *et qu'appelle-t-on* radical?

On appelle *terminaison* la partie *er*, *ir*, *oir*, *re*, qui termine les verbes.

On appelle *radical* la partie qui précède la terminaison. Ainsi, dans les verbes *aimer*, *finir*, *recevoir*, *rendre*, la partie *er*, *ir*, *oir* ou *re* est ce qu'on appelle terminaison, et chaque partie qui précède, c'est-à-dire *aim*, *fin*, *recev*, *rend*, est ce qu'on appelle le *radical*.

Ainsi, relativement à leur terminaison, les verbes se partagent en quatre *conjugaisons*.

La première est celle des verbes terminés par *er* au présent de l'infinitif.

La deuxième est celle des verbes terminés par *ir* au présent de l'infinitif.

La troisième est celle des verbes terminés par *oir* au présent de l'infinitif.

La quatrième est celle des verbes terminés par *re* au présent de l'infinitif.

VERBES AUXILIAIRES.

100. — *Qu'appelle-t-on* verbes auxiliaires?

On appelle *verbes auxiliaires* les verbes *avoir* et *être*, lorsqu'ils servent à conjuguer les autres verbes.

VERBE AVOIR.

INDICATIF.	PASSÉ DÉFINI.
PRÉSENT.	J'eus.
J'ai.	Tu eus.
Tu as.	Il eut.
Il a.	Nous eûmes.
Nous avons.	Vous eûtes.
Vous avez.	Ils eurent.
Ils ont.	
IMPARFAIT.	**PASSÉ INDÉFINI.**
J'avais.	J'ai eu.
Tu avais.	Tu as eu.
Il avait.	Il a eu.
Nous avions.	Nous avons eu.
Vous aviez.	Vous avez eu.
Ils avaient.	Ils ont eu.

PASSÉ ANTÉRIEUR.

J'eus eu.
Tu eus eu.
Il eut eu.
Nous eûmes eu.
Vous eûtes eu.
Il eurent eu.

PLUS-QUE-PARFAIT.

J'avais eu.
Tu avais eu.
Il avait eu.
Nous avions eu.
Vous aviez eu.
Ils avaient eu.

FUTUR SIMPLE.

J'aurai.
Tu auras.
Il aura.
Nous aurons.
Vous aurez.
Ils auront.

FUTUR ANTÉRIEUR.

J'aurai eu.
Tu auras eu.
Il aura eu.
Nous aurons eu.
Vous aurez eu.
Ils auront eu.

CONDITIONNEL.

PRÉSENT.

J'aurais.
Tu aurais.
Il aurait.
Nous aurions.
Vous auriez.
Ils auraient.

PASSÉ (1re forme).

J'aurais eu.
Tu aurais eu.
Il aurait eu.
Nous aurions eu.
Vous auriez eu.
Ils auraient eu.

PASSÉ (2e forme).

J'eusse eu.
Tu eusses eu.
Il eût eu.

Nous eussions eu.
Vous eussiez eu.
Ils eussent eu.

IMPÉRATIF.

PRÉSENT.

Aie.
Ayons.
Ayez.

SUBJONCTIF.

PRÉSENT.

Que j'aie.
Que tu aies.
Qu'il ait.
Que nous ayons.
Que vous ayez.
Qu'ils aient.

IMPARFAIT.

Que j'eusse.
Que tu eusses.
Qu'il eût.
Que nous eussions.
Que vous eussiez.
Qu'ils eussent.

PASSÉ.

Que j'aie eu.
Que tu aies eu.
Qu'il ait eu.
Que nous ayons eu.
Que vous ayez eu.
Qu'ils aient eu.

PLUS-QUE-PARFAIT.

Que j'eusse eu.
Que tu eusses eu.
Qu'il eût eu.
Que nous eussions eu.
Que vous eussiez eu.
Qu'il eussent eu.

INFINITIF.

PRÉSENT.

Avoir.

PASSÉ.

Avoir eu.

PARTICIPE PRÉSENT.

Ayant.

PARTICIPE PASSÉ.

Eu , eue, ayant eu

VERBE ÊTRE.

INDICATIF.

PRÉSENT.

Je suis.
Tu es.
Il est.
Nous sommes.
Vous êtes.
Ils sont.

IMPARFAIT.

J'étais.
Tu étais.
Il était.
Nous étions.
Vous étiez
Ils étaient.

PASSÉ DÉFINI.

Je fus.
Tu fus.
Il fut.
Nous fûmes.
Vous fûtes.
Ils furent.

PASSÉ INDÉFINI.

J'ai été.
Tu as été.
Il a été.
Nous avons été.
Vous avez été.
Ils ont été.

PASSÉ ANTÉRIEUR.

J'eus été.
Tu eus été.
Il eut été.
Nous eûmes été.
Vous eûtes été.
Ils eurent été.

PLUS-QUE-PARFAIT.

J'avais été
Tu avais été.
Il avait été.
Nous avions été.
Vous aviez été.
Ils avaient été.

FUTUR SIMPLE.

Je serai.
Tu seras.
Il sera.
Nous serons.
Vous serez.
Ils seront.

FUTUR ANTÉRIEUR.

J'aurai été.
Tu auras été.
Il aura été.
Nous aurons été.
Vous aurez été.
Ils auront été.

CONDITIONNEL.

PRÉSENT.

Je serais.
Tu serais.
Il serait.
Nous serions.
Vous seriez.
Ils seraient.

PASSÉ (1re forme).

J'aurais été
Tu aurais été.
Il aurait été.
Nous aurions été.
Vous auriez été.
Ils auraient été.

PASSÉ (2e forme).

J'eusse été.
Tu eusses été.
Il eût été.
Nous eussions été
Vous eussiez.
Ils eussent été.

IMPÉRATIF.

PRÉSENT.

Sois.
Soyons.
Soyez.

SUBJONCTIF.

PRÉSENT.

Que je sois.
Que tu sois.
Qu'il soit.
Que nous soyons.
Que vous soyez.
Qu'ils soient.

IMPARFAIT.

Que je fusse.
Que tu fusses.
Qu'il fût.
Que nous fussions.
Que vous fussiez.
Qu'ils fussent.

PASSÉ.

Que j'aie été.
Que tu aies été.
Qu'il ait été.
Que nous ayons été.

Que vous ayez été.
Qu'ils aient été.

PLUS-QUE-PARFAIT.

Que j'eusse été.
Que tu eusses été.
Qu'il eût été.
Que nous eussions été.
Que vous eussiez été.
Qu'ils eussent été.

INFINITIF.

PRÉSENT.

Etre.

PASSÉ.

Avoir été.

PARTICIPE PRÉSENT.

Etant.

PARTICIPE PRÉSENT.

Été, ayant été.

CHAPITRE VII.

VERBES ATTRIBUTIFS.

101. — *Combien y a-t-il de sortes de* verbes attributifs?

Il y a cinq sortes de *verbes attributifs*, savoir : les *verbes actifs*, les *verbes neutres*, les *verbes passifs*, les *verbes pronominaux*, les *verbes unipersonnels*.

105. — *Qu'appelle-t-on* verbes actifs?

On appelle *verbes actifs* les verbes qui expriment une action faite par un sujet et qui ont un complément direct. Ainsi, dans cet exemple : « Nous aimons notre prochain, » le verbe *aimer* est un *verbe actif*, attendu qu'il exprime une action faite par un sujet, complétée par un complément direct. Dans cet exemple, le complément direct du verbe *aimons* est *prochain*.

PREMIÈRE CONJUGAISON.

VERBE AIMER.

INDICATIF.

PRÉSENT.

J'aim *e*.
Tu aim *es*.
Il aim *e*.
Nous aim *ons*.
Vous aim *ez*.
Ils aim *ent*.

IMPARFAIT.

J'aim *ais*.
Tu aim *ais*.
Il aim *ait*.
Vous aim *ions*.
Nous aim *iez*.
Ils aim *aient*.

PASSÉ DÉFINI.

J'aim *ai*.
Tu aim *as*.
Il aim *a*.
Nous aim *âmes*.
Vous aim *âtes*.
Ils aim *èrent*.

PASSÉ INDÉFINI.

J'ai aim *é*.
Tu as aim *é*.
Il a aim *é*.
Nous avons aim *é*.
Vous avez aim *é*.
Ils ont aim *é*.

PASSÉ ANTÉRIEUR.

J'eus aim *é*.
Tu eus aim *é*.
Il eut aim *é*.
Nous eûmes aim *é*.
Vous eûtes aim *é*.
Ils eurent aim *é*.

PLUS-QUE-PARFAIT.

J'avais aim *é*.
Tu avais aim *é*.
Il avait aim *é*.

Nous avions aim *é*.
Vous aviez aim *é*.
Ils avaient aim *é*.

FUTUR SIMPLE.

J'aim *erai*.
Tu aim *eras*.
Il aim *era*.
Nous aim *erons*.
Vous aim *erez*.
Ils aim *eront*.

FUTUR ANTÉRIEUR.

J'aurai aim *é*.
Tu auras aim *é*.
Il aura aim *é*.
Nous aurons aim *é*.
Vous aurez aim *é*.
Ils auront aim *é*.

CONDITIONNEL.

PRÉSENT.

J'aim *erais*.
Tu aim *erais*.
Il aim *erait*.
Nous aim *erions*.
Vous aim *eriez*.
Ils aim *eraient*.

PASSÉ (1ʳᵉ forme).

J'aurais aim *é*.
Tu aurais aim *é*.
Il aurait aim *é*.
Nous aurions aim *é*.
Vous auriez aim *é*.
Ils auraient aim *é*.

PASSÉ (2ᵉ forme).

J'eusse aim *é*.
Tu eusses aim *é*.
Il eût aim *é*.
Nous eussions aim *é*.
Vous eussiez aim *é*.
Ils eussent aim *é*

IMPÉRATIF.

PRÉSENT.

Aim *e*.
Aim *ons*.
Aim *ez*.

SUBJONCTIF.

PRÉSENT.

Que j'aim *e*.
Que tu aim *es*.
Qu'il aim *e*.
Que nous aim *ions*.
Que vous aim *iez*.
Qu'ils aim *ent*.

IMPARFAIT.

Que j'aim *asse*.
Que tu aim *asses*.
Qu'il aim *ât*.
Que nous aim *assions*.
Que vous aim *assiez*.
Qu'ils aim *assent*.

PASSÉ.

Que j'aie aim *é*.

Que tu aies aim *é*.
Qu'il ait aim *é*.
Que nous ayons aim *é*.
Que vous ayez aim *é*.
Qu'ils aient aim *é*.

PLUS-QUE-PARFAIT.

Que j'eusse aim *é*.
Que tu eusses aim *é*.
Qu'il eût aim *é*.
Que nous eussions aim *é*
Que vous eussiez aim *é*.
Qu'ils eussent aim *é*.

INFINITIF.

PRÉSENT.

Aim *er*.

PASSÉ.

Avoir aim *é*.

PARTICIPE PRÉSENT.

Aim *ant*.

PARTICIPE PASSÉ.

Aim *é*, *ée*, ayant aim *é*.

Les verbes terminés au présent de l'infinitif par *er*, comme *chanter*, se conjuguent généralement tous sur le verbe *aimer*.

103. — *Remarques sur quelques verbes de la première conjugaison.*

1° Les verbes terminés au présent de l'infinitif par *cer* comme *placer*, *enfoncer*, prennent une cédille sous le *c* toutes les fois que cette lettre est suivie de *a* ou de *o*, c'est-à-dire toutes les fois que la terminaison commence par *a* ou par *o*. Exemples : « Il plaçait son argent. Enfonçons les rangs ennemis. » On met une cédille sous le *c* des verbes *placer* et *enfoncer*, parce que la terminaison commence par *a* dans *plaçait*, par *o* dans *enfonçons*.

2° Les verbes terminés au présent de l'infinitif par *eler*, *eter*, comme étinceler, jeter prennent deux *l* ou deux *t* toutes les fois que la terminaison commence par un *e* muet. Ainsi on écrira : cette lumière *étincelle*, cette ruche *jette*. On met deux *l* à *étinceler* deux *t* à *jeter*,

parce que la terminaison commence par un *e*
muet.

Nota. — Il y a exception pour les verbes
*acheter, becqueter, bourreler, colleter, crocheter,
déceler, écarteler, étiqueter, griveler, geler,
harceler, modeler, peler,* et *racheter,* etc. Au
lieu de doubler la lettre *l* ou le *t*, il est d'usage
de mettre un accent grave sur l'*e* qui précède la
lettre *l* ou le *t,* lorsque la lettre *l* ou le *t* doit
être suivi d'un *e* muet. Exemples : On achète
des marchandises. Il gèle fort en Sibérie.

3° Les verbes de la première conjugaison, dont
la dernière syllabe est précédée d'un *é* fermé
comme *répéter, céder,* changent cet *é* fermé en *è*
ouvert toutes les fois que la terminaison commence par un *e* muet. Ainsi on écrit : l'écho
répète, on cède le pas à un supérieur.

Nota. — Beaucoup de grammairiens conservent l'accent aigu dans les verbes terminés
au présent de l'infinitif par *éger* comme *protéger.*
Ainsi on écrira : on protège l'innocent.

4° Les verbes de la première conjugaison dont
la dernière syllabe est précédée d'un *e* muet,
comme *soulever, mener,* changent cet *e* muet en
e ouvert toutes les fois que la terminaison commence par un *e* muet. Ainsi on écrira : La vapeur
soulève de grandes forces. Le bœuf mène la
charrue.

5° Les verbes terminés au présent de l'infinitif
par *ger* comme *obliger, ménager,* prennent un *e*
après le *g* toutes les fois que la terminaison
commence par un *a* ou par un *o.* Ainsi on écrira :
Obligeons tout le monde. Dans le siège de Paris
on ménagea les vivres.

6° Les verbes terminés au présent de l'infinitif
par *yer* comme *cotoyer, noyer,* changent l'*y* en *i*
toutes les fois que la terminaison commence par
un *e* muet. Ainsi on écrira : Des vaisseaux
cotoient l'Afrique. Chaque année des personnes
se noient. Il y a exception pour quelques verbes.

Nota. — Les verbes en *yer,* ayant le participe
présent terminé en *yant,* ont un *y* et un *i* de
suite aux deux personnes plurielles de l'imparfait de l'indicatif et du présent du subjonctif.
Ainsi on écrira : Nous payions à l'imparfait de

l'indicatif, que nous payions, que vous payiez au présent du subjonctif.

Les verbes terminés au présent de l'infinitif par *éer* comme *créer*, *agréer*, ont le radical terminé par un *é*; ils ont donc deux *e* lorsque la terminaison commence par un *e*. Exemple : j'agrée, et au participe passé féminin ils ont trois *e*. Exemple : la réponse que j'aie agréée.

DEUXIÈME CONJUGAISON.

VERBE FINIR.

INDICATIF.

PRÉSENT.

Je fin *is*.
Tu fin *is*.
Il fin *it*.
Nous fin *issons*
Vous fin *issez*.
Ils fin *issent*.

IMPARFAIT.

Je fin *issais*.
Tu fin *issais*.
Il fin *issait*.
Nous fin *issions*.
Vous fin *issiez*.
Ils fin *issaient*

PASSÉ DÉFINI.

Je fin *is*.
Tu fin *is*.
Il fin *it*.
Nous fin *îmes*.
Vous fin *îtes*.
Ils fin *irent*.

PASSÉ INDÉFINI.

J'ai fin *i*.
Tu as fin *i*.
Il a fin *i*.
Nous avons fin *i*.
Vous avez fin *i*.
Ils ont fin *i*.

PASSÉ ANTÉRIEUR.

J'eus fin *i*.
Tu eus fin *i*.
Il eut fin *i*.

Nous eûmes fin *i*.
Vous eûtes fin *i*.
Ils eurent fin *i*.

PLUS-QUE-PARFAIT.

J'avais fin *i*.
Tu avais fin *i*.
Il avait fin *i*.
Nous avions fin *i*.
Vous aviez fin *i*.
Ils avaient fin *i*.

FUTUR SIMPLE.

Je fin *irai*.
Tu fin *iras*.
Il fin *ira*.
Nous fin *irons*.
Vous fin *irez*.
Ils fin *iront*.

FUTUR ANTÉRIEUR.

J'aurai fin *i*.
Tu auras fin *i*.
Il aura fin *i*
Nous aurons fin *i*.
Vous aurez fin *i*.
Ils auront fin *i*.

CONDITIONNEL

PRÉSENT.

Je fin *irais*.
Tu fin *irais*.
Il fin *irait*.
Nous fin *irions*.
Vous fin *iriez*.
Ils fin *iraient*.

PASSÉ (1ʳᵉ *forme*).

J'aurais fin *i*.
Tu aurais fin *i*.
Il aurait fin *i*.
Nous aurions fin *i*.
Vous auriez fin *i*.
Ils auraient fin *i*.

PASSÉ (2ᵉ *forme*).

J'eusse fin *i*.
Tu eusses fin *i*.
Il eût fin *i*.
Nous eussions fin *i*.
Vous eussiez fin *i*.
Ils eussent fin *i*.

IMPÉRATIF

PRÉSENT.

Fin *is*.
Fin *issons*.
Fin *issez*.

SUBJONCTIF.

PRÉSENT.

Que je fin *isse*.
Que tu fin *isses*.
Qu'il fin *isse*.
Que nous fin *issions*.
Que vous fin *issiez*.
Qu'ils fin *issent*.

IMPARFAIT.

Que je fin *isse*.

Que tu fin *isses*.
Qu'il fin *it*.
Que nous fin *issions*.
Que vous fin *issiez*.
Qu'ils fin *issent*.

PASSÉ.

Que j'aie fin *i*.
Que tu aies fin *i*.
Qu'il ait fin *i*.
Que nous ayons fin *i*.
Que vous ayez fin *i*.
Qu'ils aient fin *i*

PLUS-QUE-PARFAIT.

Que j'eusse fin *i*.
Que tu eusses fin *i*.
Qu'il eût fin *i*.
Que nous eussions fin *i*.
Que vous eussiez fin *i*.
Qu'ils eussent fin *i*.

INFINITIF.

PRÉSENT.

Fin *ir*.

PASSÉ.

Avoir fin *i*.

PARTICIPE PRÉSENT.

Fin *issant*.

PARTICIPE PASSÉ.

Fin *i*, *ie*, ayant fin *i*.

La plupart des verbes terminés au présent de l'infinitif par *ir* se conjuguent sur le verbe finir.

104. — *Remarques sur quelques verbes de la deuxième conjugaison.*

FLEURIR. — Le verbe *fleurir* employé dans son sens propre, c'est-à-dire lorsqu'il signifie produire des fleurs, est régulier; il suit alors la conjugaison modèle du verbe *finir*.

Lorsqu'il est employé au figuré, c'est-à-dire dans le sens d'être prospère, il devient irrégulier à l'imparfait de l'indicatif ainsi qu'au participe présent. Au lieu de *fleurissait et fleurissant*, il fait *florissait et florissant*. Exemple: « Les lettres *florissaient* sous Louis XIV, et le royaume était *florissant*. »

HAIR. — Dans toute sa conjugaison, le verbe *haïr* prend un tréma sur l'*i*, excepté au singulier du présent de l'indicatif et du présent de l'impératif. Exemple : « Tu *hais* la religion, *hais* plutôt l'impiété. »

TROISIÈME CONJUGAISON.

VERBE RECEVOIR.

INDICATIF
PRÉSENT.

Je reç *ois*,
Tu reç *ois*.
Il reç *oit*.
Nous recev *ons*.
Vous recev *ez*.
Ils reçoiv *ent*.

IMPARFAIT.

Je recev *ais*.
Tu recev *ais*.
Il recev *ait*.
Nous recev *ions*.
Vous recev *iez*.
Ils recev *aient*.

PASSÉ DÉFINI.

Je reç *us*.
Tu reç *us*.
Il reç *ut*.
Nous reç *ûmes*.
Vous reç *ûtes*.
Ils reç *urent*.

PASSÉ INDÉFINI

J'ai reç *u*.
Tu as reç *u*.
Il a reç *u*.
Nous avons reç *u*.
Vous avez reç *u*.
Ils ont reç *u*.

PASSÉ ANTÉRIEUR.

J'eus reç *u*.
Tu eus reç *u*.
Il eut reç *u*.
Nous eûmes reç *u*.
Vous eûtes reç *u*.
Ils eurent reç *u*.

PLUS-QUE-PARFAIT.

J'avais reç *u*.
Tu avais reç *u*.
Il avait reç *u*.
Nous avions reç *u*.
Vous aviez reç *u*.
Ils avaient reç *u*.

FUTUR SIMPLE.

Je recev *rai*.
Tu recev *ras*.
Il recev *ra*.
Nous recev *rons*.
Vous recev *rez*.
Ils recev *ront*.

FUTUR ANTÉRIEUR.

J'aurai reç *u*.
Tu auras reç *u*.
Il aura reç *u*.
Nous aurons reç *u*.
Vous aurez reç *u*.
Ils auront reç *u*.

CONDITIONNEL
PRÉSENT.

Je recev *rais*.
Tu recev *rais*.
Il recev *rait*.
Nous recev *rions*.
Vous recev *riez*.
Ils recev *raient*.

PASSÉ (1re forme)

J'aurais reç *u*.
Tu aurais reç *u*.
Il aurait reç *u*.
Nous aurions reç *u*.
Vous auriez reç *u*.
Ils auraient reç *u*.

PASSÉ (2ᵉ forme).

J'eusse reç u.
Tu eusses reç u.
Il eût reç u.
Nous eussions reç u.
Vous eussiez reç u.
Ils eussent reç u.

IMPÉRATIF

PRÉSENT.

Reç ois.
Recev ons.
Recev ez.

SUBJONCTIF.

PRÉSENT.

Que je reçoiv e.
Que tu reçoiv es.
Qu'il reçoiv e.
Que nous recev ions.
Que vous recev iez.
Qu'ils reçoiv ent.

IMPARFAIT.

Que je reç usse.
Que tu reç usses.
Qu'il reç ût.
Que nous reç ussions.
Que vous reç ussiez.
Qu'ils reç ussent.

PASSÉ.

Que j'aie reç u.
Que tu aies reç u.
Qu'il ait r ç u.
Que nous ayons reç u.
Que vous ayez reç u.
Qu'ils aient reç u.

PLUS-QUE-PARFAIT.

Que j'eusse reç u.
Que tu eusses reç u.
Qu'il eût reç u.
Que nous eussions reç u.
Que vous eussiez reç u.
Qu'ils eussent reç u.

INFINITIF

PRÉSENT.

Recev oir.

PASSÉ.

Avoir reç u.

PARTICIPE PRÉSENT.

Recev ant.

PARTICIPE PASSÉ.

Reç u, ue, ayant reç u.

La plupart des verbes terminés au présent de l'infinitif par oir, comme percevoir se conjuguent sur le verbe recevoir.

105. — Remarques sur quelques verbes de la troisième conjugaison.

DEVOIR et REDEVOIR. — Les participes passés du et redu des verbes devoir et redevoir, prennent un accent circonflexe sur l'u, mais seulement au masculin singulier. Ainsi on écrira : la somme qu'il m'a due, l'argent qu'il m'a redû.

NOTA. — Tous les verbes qui ont, au présent de l'infinitif, le son oir sont de la troisième conjugaison, excepté boire et croire.

Certains verbes de la troisième conjugaison prennent une cédille sous le c toutes les fois que cette lettre est suivie de o ou de u. Exemple : il reçoit ses parents. Il a reçu ses amis.

QUATRIÈME CONJUGAISON.

VERBE RENDRE.

INDICATIF.

PRÉSENT.

Je rend *s*.
Tu rend *s*.
Il rend.
Nous rend *ons*.
Vous rend *ez*.
Ils rend *ent*.

IMPARFAIT.

Je rend *ais*.
Tu rend *ais*.
Il rend *ait*.
Nous rend *ions*.
Vous rend *iez*.
Ils rend *aient*.

PASSÉ DÉFINI.

Je rend *is*.
Tu rend *is*.
Il rend *it*.
Nous rend *îmes*.
Vous rend *îtes*.
Ils rend *irent*.

PASSÉ INDÉFINI.

J'ai rend *u*.
Tu as rend *u*.
Il a rend *u*.
Nous avons rend *u*.
Vous avez rend *u*.
Ils ont rend *u*.

PASSÉ ANTÉRIEUR.

J'eus rend *u*.
Tu eus rend *u*.
Il eut rend *u*.
Nous eûmes rend *u*.
Vous eûtes rend *u*.
Ils eurent rend *u*.

PLUS-QUE-PARFAIT.

J'avais rend *u*.
Tu avais rend *u*.
Il avait rend *u*.
Nous avions rend *u*.
Vous aviez rend *u*.
Ils avaient rend *u*.

FUTUR SIMPLE.

Je rend *rai*.
Tu rend *ras*.
Il rend *ra*.
Nous rend *rons*.
Vous rend *rez*.
Ils rend *ront*.

FUTUR ANTÉRIEUR.

J'aurai rend *u*.
Tu auras rend *u*.
Il aura rend *u*.
Nous aurons rend *u*.
Vous aurez rend *u*.
Ils auront rend *u*.

CONDITIONNEL.

PRÉSENT.

Je rend *rais*.
Tu rend *rais*.
Il rend *rait*.
Nous rend *rions*.
Vous rend *riez*.
Ils rend *raient*.

PASSÉ (1re *forme*).

J'aurais rend *u*.
Tu aurais rend *u*.
Il aurait rend *u*.
Nous aurions rend *u*.
Vous auriez rend *u*.
Ils auraient rend *u*.

PASSÉ (2e *forme*).

J'eusse rend *u*.
Tu eusses rendu.
Il eût rend *u*.
Nous eussions rend *u*.
Vous eussiez rend *u*.
Ils eussent rend *u*.

3

IMPÉRATIF.

PRÉSENT.

Rend *s.*
Rend *ons.*
Rend *ez.*

SUBJONCTIF.

PRÉSENT.

Que je rend *e.*
Que tu rend *es.*
Qu'il rend *e.*
Que nous rend *ions.*
Que vous rend *iez.*
Qu'ils rend *ent.*

IMPARFAIT.

Que je rend *isse.*
Que tu rend *isses.*
Qu'il rend *ît.*
Que nous rend *issions.*
Que vous rend *issiez.*
Qu'ils rend *issent.*

PASSÉ.

Que j'aie rend *u.*

Que tu aies rend *u.*
Qu'il ait rend *u.*
Que nous ayons rend *u.*
Que vous ayez rend *u.*
Qu'ils aient rend *u.*

PLUS-QUE-PARFAIT.

Que j'eusse rend *u.*
Que tu eusses rend *u.*
Qu'il eût rend *u.*
Que nous eussions rend *u.*
Que vous eussiez rend *u.*
Qu'ils eussent rend *u.*

INFINITIF.

PRÉSENT.

Rend *re.*

PASSÉ.

Avoir rend *u.*

PARTICIPE PRÉSENT.

Rend *ant.*

PARTICIPE PASSÉ.

Rend *u, ue,* ayant rend *u.*

La plupart des verbes terminés au présent de l'infinitif par *re,* comme *attendre,* se conjuguent sur le verbe *rendre.*

106. — *Remarques sur quelques verbes de la quatrième conjugaison.*

Les verbes terminés au présent de l'infinitif par *indre,* comme *peindre* ou par *soudre* comme *absoudre* perdent le *d* aux deux premières personnes du singulier du présent de l'indicatif, ainsi qu'à la personne singulière du présent de l'impératif. Exemple : Bernardin de Saint-Pierre pouvait dire : « Dans mes livres, je *peins* la nature. » *Peins* ce tableau. *Absous* ce pécheur repentant.

Ces verbes changent, en outre, le *d* en *t* à la troisième personne singulière du présent de l'indicatif. Exemple : l'écrivain se *peint* dans ses ouvrages. Le repentir *absout* le coupable.

Les verbes terminés au présent de l'infinitif par *aître,* comme *connaître,* et par *oître,* comme *croître,* conservent l'accent circonflexe toutes les fois que l'*i* du radical est immédiatement suivi d'un *t*. Exemples : Qui *connaît* son devoir et ne le remplit pas se condamne lui-même. *Connais-toi* toi-même.

Nota. — Les verbes dont le son final du présent de l'infinitif est *andre*, s'écrivent au présent de l'infinitif par *endre*, excepté *épandre* et *répandre*.

Nota. — *Distinction des verbes terminés au présent de l'infinitif par* ire, *de ceux terminés par* ir.

Toutes les fois que le participe présent se termine par *isant* et *ivant*, le verbe est de la quatrième conjugaison. Il n'y a exception que pour *bruire, frire, maudire, rire* et *sourire*, qui sont de la quatrième conjugaison, tout en n'ayant point leur participe présent en *isant* ou *ivant* : *lire* fait *lisant*, *écrire* fait *écrivant*, *bruire* fait *bruyant*, *maudire* fait *maudissant*.

VERBES PASSIFS.

107. — *Qu'appelle-t-on* verbes passifs ?

On appelle *verbes passifs* les verbes qui expriment une action reçue, soufferte par le sujet et faite par un complément indirect. Ainsi, dans cet exemple : La feuille est emportée par le vent, le verbe *être emporté* est un *verbe passif*, attendu qu'il exprime une action soufferte, reçue par le sujet. En effet, le sujet *feuille* est bien le mot qui reçoit, qui souffre l'action exprimée par le verbe *être emporté*, et cette action, soufferte par le sujet, est faite par le complément indirect ; c'est bien le complément indirect *(par le vent)* qui fait l'action que subit la feuille.

108. — *Combien y a-t-il de conjugaisons pour les verbes passifs ?*

Il n'y a qu'une conjugaison pour les verbes passifs ; ils se conjuguent dans tous leurs temps avec le verbe être auquel on joint le participe passé du verbe que l'on veut conjuguer passivement.

TRE MÉ.

INDICATIF.		IMPARFAIT.	
PRÉSENT.			
Je suis		J'étais	
Tu es		Tu étais	
Il ou elle est	aimé ou aimée	Il ou elle était	aimé ou aimée
Nous sommes		Nous étions	
Vous êtes		Vous étiez	
Ils ou elles sont	aimés ou aimées	Ils ou elles étaient	aimés ou aimées

PASSÉ DÉFINI

Je fus
Tu fus
Il ou elle fut
Nous fûmes
Vous fûtes
Ils ou elles furent
} aimés ou aimées. / aimé ou aimée.

PASSÉ INDÉFINI

J'ai été
Tu as été
Il ou elle a été
Nous avons été
Vous avez été
Ils ou elles ont été
} aimés ou aimées. / aimé ou aimée.

PASSÉ ANTÉRIEUR

J'eus été
Tu eus été
Il ou elle eut été
Nous eûmes été
Vous eûtes été
Ils ou elles eurent été
} aimés ou aimées. / aimé ou aimée.

PLUS-QUE-PARFAIT.

J'avais été
Tu avais été
Il ou elle avait été
Nous avions été
Vous aviez été
Ils ou elles avaient été
} aimés ou aimées. / aimé ou aimée.

FUTUR SIMPLE.

Je serai
Tu seras
Il ou elle sera
Nous serons
Vous serez
Ils ou elles seront
} aimés ou aimées. / aimé ou aimée.

FUTUR ANTÉRIEUR.

J'aurai été
Tu auras été
Il ou elle aura été
Nous aurons été
Vous aurez été
Ils ou elles auront été
} aimés ou aimées. / aimé ou aimée.

CONDITIONNEL.

PRÉSENT.

Je serais
Tu serais
Il ou elle serait
Nous serions
Vous seriez
Ils ou elles seraient
} aimés ou aimées. / aimé ou aimée.

PASSÉ (1re forme).

J'aurais été
Tu aurais été
Il ou elle aurait été
Nous aurions été
Vous auriez été
Ils ou elles auraient été
} aimés ou aimées. / aimé ou aimée.

PASSÉ (2e forme).

J'eusse été
Tu eusses été
Il ou elle eût été
Nous eussions été
Vous eussiez été
Ils ou elles eussent été
} aimés ou aimées. / aimé ou aimée.

IMPÉRATIF.

PRÉSENT.

Sois aimé ou aimée.
Soyons aimés ou aimées.
Soyez aimés ou aimées.

SUBJONCTIF.

PRÉSENT.

Que je sois
Que tu sois
Qu'il ou qu'elle soit
Que nous soyons
Que vous soyez
Qu'ils ou qu'elles soient
} aimés ou aimées. / aimé ou aimée.

IMPARFAIT.

Que je fusse
Que tu fusses
Qu'il ou qu'elle fût
Que nous fussions
Que vous fussiez
Qu'ils ou qu'elles fussent
} aimés ou aimées. / aimé ou aimée.

PASSÉ.

Que j'aie été
Que tu aies été
Qu'il ou qu'elle ait été
Que nous ayons été
Que vous ayez été
Qu'ils ou qu'elles aient été
} aimé ou aimée.

PLUS-QUE-PARFAIT.

Que j'eusse été
Que tu eusses été
Qu'il ou qu'elle eût été
} aimé ou aimée.

Que nous eussions été
Que vous eussiez été
Qu'ils ou qu'elles eussent été
} aimés ou aimées.

INFINITIF.

PRÉSENT.

Etre aim *é* ou aim *ée*.

PASSÉ.

Avoir été aim *é* ou aim *ée*.

PARTICIPE PRÉSENT.

Etant aim *é* ou aim *ée*.

PARTICIPE PASSÉ.

Ayant été aim *é* ou aim *ée*.

VERBES NEUTRES.

109. — *Qu'appelle-t-on* verbes neutres ?

On appelle *verbes neutres* les verbes qui expriment une action faite par le sujet, mais qui ne peut être complétée que par un complément indirect. Ainsi, dans ces exemples : « Une pomme *tombe* de l'arbre, cet enfant *ment* à ses parents, » les verbes *tomber* et *mentir* sont deux *verbes neutres* attendu qu'ils expriment une action qui est faite par un sujet, mais qui ne peut être complétée que par un complément indirect. En effet, les verbes *tomber* et *mentir* ont bien chacun un complément, mais c'est un complément indirect.

VERBE TOMBER.

INDICATIF

PRÉSENT.

Je tomb *e.*
Tu tomb *es.*
Il tomb *e.*
Nous tomb *ons.*
Vous tomb *ez.*
Ils tomb *ent.*

IMPARFAIT

Je tomb *ais.*
Tu tomb *ais.*
Il tomb *ait.*

Nous tomb *ions.*
Vous tomb *iez.*
Ils tomb *aient.*

PASSÉ DÉFINI.

Je tomb *ai.*
Tu tomb *as.*
Il tomb *a.*
Nous tomb *âmes.*
Vous tomb *âtes.*
Ils tomb *èrent.*

PASSÉ INDÉFINI.

Je suis tomb *é* ou tomb *ée.*

Tu es tomb *é* ou tomb*ée.*
Il ou elle est tomb *é* ou
   tomb *ée*
Nous sommes tomb *és* ou
   tomb *ées.*
Vous êtes tomb *és* ou tom-
   tomb *ées.*
Ils ou elles sont tomb *és*
   ou tomb *ées.*

PASSÉ ANTÉRIEUR.

Je fus tomb *é* ou tomb*ée.*
Tu fus tomb *é* ou tomb*ée.*
Il ou elle fut tomb *é* ou
   tomb *ée.*
Nous fûmes tomb *és* ou
   tomb *ées.*
Vous fûtes tomb *és* ou
   tomb *ées.*
Ils ou elles furent tomb *és*
   ou tomb *ées.*

PLUS-QUE-PARFAIT.

J'étais tomb *é* ou tomb*ée.*
Tu étais tomb *é* ou tomb*ée.*
Il ou elle était tomb *é* ou
   tomb *ée.*
Nous étions tomb *és* ou
   tomb *ées.*
Vous étiez tomb *és* ou
   tomb *ées.*
Ils ou elles étaient tom-
   b *és* ou tomb *ées.*

FUTUR

Je tomb *erai*
Tu tomb *eras.*
Il tomb *era.*
Nous tomb *erons.*
Vous tomb *erez.*
Ils tomb *eront.*

FUTUR ANTÉRIEUR.

Je serai tomb *é* ou tomb*ée.*
Tu seras tomb *é* ou tom-
   b *ée.*
Il ou elle sera tomb *é* ou
   tomb *ée.*
Nous serons tomb *és* ou
   tomb *ées.*

Vous serez tomb *és* ou
   tomb *ées.*
Ils ou elles seront tomb *és*
   ou tomb *ées.*

CONDITIONNEL

PRÉSENT

Je tomb *erais.*
Tu tomb *erais.*
Il tomb *erait.*
Nous tomb *erions.*
Vous tomb *eriez.*
Ils tomb *eraient.*

PASSÉ (1re forme).

Je serais tomb *é* ou tom-
   b *ée.*
Tu serais tomb *é* ou tom-
   b *ée.*
Il ou elle serait tomb *é* ou
   tomb *ée.*
Nous serions tomb *és* ou
   tomb *ées.*
Vous seriez tomb *és* ou
   tomb *ées.*
Ils ou elles seraient tom-
   b *és* ou tomb *ées.*

PASSÉ (2e forme).

Je fusse tomb *é* ou tom-
   b *ée.*
Tu fusses tomb *é* ou tom-
   b *ée.*
Il ou elle fût tomb *é* ou
   tomb *ée.*
Nous fussions tomb *és* ou
   tomb *ées.*
Vous fussiez tomb *és* ou
   tomb *ées.*
Ils ou elles fussent tom-
   b *és* ou tomb *ées.*

IMPÉRATIF

PRÉSENT.

Tomb *e.*
Tomb *ons.*
Tomb *ez.*

SUBJONCTIF.

PRÉSENT.

Que je tomb *e.*
Que tu tomb *es.*
Qu'il tomb *e.*
Que nous tomb *ions.*
Que vous tomb *iez.*
Qu'ils tomb *ent.*

IMPARFAIT.

Que je tomb *asse.*
Que tu tomb *asses.*
Qu'il tomb *ât.*
Que nous tomb *assions.*
Que vous tomb *assiez.*
Qu'ils tomb *assent.*

PASSÉ.

Que je sois tomb *é* ou tomb *ée.*
Que tu sois tomb *é* ou tomb *ée.*
Qu'il soit tomb *é* ou tomb *ée.*
Que nous soyons tomb *és* ou tomb *ées.*
Que vous soyez tomb *és* ou tomb *ées.*
Qu'ils ou qu'elles soient tomb *és* ou tomb *ées.*

PLUS-QUE-PARFAIT.

Que je fusse tomb *é* ou tomb *ée.*
Que tu fusses tomb *é* ou tomb *ée.*
Qu'il ou qu'elle fût tomb *é* ou tomb *ée.*
Que nous fussions tomb *és* ou tomb *ées.*
Que vous fussiez tomb *és* ou tomb *ées.*
Qu'ils ou qu'elles fussen tomb *és* ou tomb *ées.*

INFINITIF.

PRÉSENT.

Tomb *er.*

PASSÉ.

Etre tombé ou tomb *ée.*

PARTICIPE PRÉSENT.

Tomb *ant.*

PARTICIPE PASSÉ.

Tomb *é* ou tomb *ée,* étant tomb *é* ou tomb *ée.*

VERBES PRONOMINAUX.

110. — *Qu'appelle t-on* verbes pronominaux ?

On appelle *verbes pronominaux* ou *réfléchis* ceux dont le sujet et le complément sont la même personne. Ainsi, dans ces exemples : « Nous nous aimons, les enfants s'amusent, » les verbes *s'aimer, s'amuser,* sont des *verbes pronominaux*, leur sujet et leur complément étant la même personne.

Parmi les verbes *pronominaux*, les uns sont appelés *accidentellement pronominaux*, et les autres *essentiellement pronominaux*.

Ceux qui sont appelés verbes *accidentellement pronominaux* sont ceux qui peuvent être autre chose. Ainsi, le verbe *se flatter* est un verbe *accidentellement pronominal*, attendu qu'il peut être autre chose. En effet, il peut être actif.

Ceux qui sont appelés verbes *essentiellement pronominaux* sont ceux qui ne peuvent être conjugués qu'avec un sujet et un complément qui soient la même personne, comme les verbes *s'en aller, s'emparer,* etc. On ne peut pas dire : *j'en vais, j'empare.* Pour les employer, il faut dire : *je m'empare je m'en vais.*

Les verbes *essentiellement pronominaux* ont toujours leur second pronom pour complément direct.

VERBE SE FLATTER.

INDICATIF.

PRÉSENT.

Je me flatt *e.*
Tu te flatt *es.*
Il ou elle se flatt *e.*
Nous nous flatt *ons.*
Vous vous flatt *ez*
Ils ou elles se flatt *ent.*

IMPARFAIT.

Je me flatt *ais.*
Tu te flatt *ais.*
Il ou elle se flatt *ait.*
Nous nous flatt *ions.*
Vous vous flatt *iez.*
Ils ou elles se flatt *aient.*

PASSÉ DÉFINI.

Je me flatt *ai.*
Tu te flatt *as.*
Il ou elle se flatt *a.*
Nous nous flatt *âmes.*
Vous vous flatt *âtes.*
Ils ou elles se flatt *èrent.*

PASSÉ INDÉFINI.

Je me suis flatt *é* ou flatt *ée.*
Tu t'es flatt *é* ou flatt *ée.*
Il ou elle s'est flatt *é* ou flatt *ée.*
Nous nous sommes flatt *és* ou flatt *ées.*
Vous vous êtes flatt *és* ou flatt *ées.*
Ils ou elles se sont flatt *és* ou flatt *ées.*

PASSÉ ANTÉRIEUR.

Je me fus flatt *é* ou flatt *ée.*
Tu te fus flatt *é* ou flatt *ée.*
Il ou elle se fut flatt *é* ou flatt *ée.*
Nous nous fûmes flatt *és* ou flatt *ées.*
Vous vous fûtes flatt *és* ou flatt *ées.*
Ils ou elles se furent flatt *és* ou flatt *ées.*

PLUS-QUE-PARFAIT.

Je m'étais flatt *é* ou flatt *ée.*
Tu t'étais flatt *é* ou flatt *ée.*
Il ou elle s'était flatt *é* ou flatt *ée.*
Nous nous étions flatt *és* ou flatt *ées.*
Vous vous étiez flatt *és* ou flatt *ées.*
Ils ou elles s'étaient flatt *és* ou flatt *ées.*

FUTUR.

Je me flatt *erai.*
Tu te flatt *eras.*
Il ou elle se flatt *era.*
Nous nous flatt *erons.*
Vous vous flatt *erez.*
Ils ou elles se flatt *eront.*

FUTUR ANTÉRIEUR.

Je me serai flatt *é* ou flatt *ée.*
Tu te seras flatt *é* ou flatt *ée.*

Il ou elle se sera flatté ou flatt*ée*.
Nous nous serons flatt*és* ou flatt*ées*.
Vous vous serez flatt*és* ou flatt*ées*.
Ils ou elles se seront flatt*és* ou flatt*ées*.

CONDITIONNEL

PRÉSENT

Je me flatt*erais*.
Tu te flatt*erais*.
Il ou elle se flatt*erait*.
Nous nous flatt*erions*.
Vous vous flatt*eriez*.
Ils ou elles se flatt*eraient*.

PASSÉ (1*re* forme)

Je me serais flatt*é* ou flatt*ée*.
Tu te serais flatt*é* ou flatt*ée*.
Il ou elle se serait flatt*é* ou flatt*ée*.
Nous nous serions flatt*és* ou flatt*ées*.
Vous vous seriez flatt*és* ou flatt*ées*.
Ils ou elles se seraient flatt*és* ou flatt*ées*.

PASSÉ (2*e* forme).

Je me fusse flatt*é* ou flatt*ée*.
Tu te fusses flatt*é* ou flatt*ée*.
Il ou elle se fût flatt*é* ou flatt*ée*.
Nous nous fussions flatt*és* ou flatt*ées*.
Vous vous fussiez flatt*és* ou flatt*ées*.
Ils ou elles se fussent flatt*és* ou flatt*ées*.

IMPÉRATIF

PRÉSENT

Flatt*e*-toi.
Flatt*ons*-nous.
Flatt*ez*-vous.

SUBJONCTIF.

PRÉSENT

Que je me flatt*e*.
Que tu te flatt*es*.
Qu'il ou qu'elle se flatt*e*.
Que nous nous flatt*ions*.
Que vous vous flatt*iez*.
Qu'ils ou elles se flatt*ent*.

IMPARFAIT.

Que je me flatt*asse*.
Que tu te flatt*asses*.
Qu'il ou qu'elle se flatt*ât*.
Que nous nous flatt*assions*.
Que vous vous flatt*assiez*.
Qu'ils ou qu'elles se flatt*assent*.

PASSÉ.

Que je me sois flatt*é* ou flatt*ée*!
Que tu te sois flatt*é* ou flatt*ée*.
Qu'il ou qu'elle se soit flatt*é* ou flatt*ée*.
Que nous nous soyons flatt*és* ou flatt*ées*.
Que vous vous soyez flatt*és* ou flatt*ées*.
Qu'ils ou qu'elles se soient flatt*és* ou flatt*ées*.

PLUS-QUE-PARFAIT.

Que je me fusse flatt*é* ou flatt*ée*.
Que tu te fusses flatt*é* ou flatt*ée*.
Qu'il ou qu'elle se fût flatt*é* ou flatt*ée*.

3.

Que nous nous fussions flatt *és* ou flatt *ées*.
Que vous vous fussiez flatt *és* ou flatt *ées*.
Qu'ils ou qu'elles se fussent flatt *és* ou flatt *ées*.

INFINITIF
PRÉSENT.

Se flatter.

PASSÉ.

S'être flatt *é* ou flatt *ée*.

PARTICIPE PRÉSENT.

Se flatt *ant*.

PARTICIPE PASSÉ.

S'étant flatt *é* ou flatt *ée*.

VERBES UNIPERSONNELS.

111. — Qu'appelle-t-on verbes unipersonnels?
On appelle *verbes unipersonnels* les verbes qui expriment une action ne pouvant avoir lieu qu'à la troisième personne singulière de chaque temps. Ainsi, les verbes *pleuvoir, falloir* sont des *verbes unipersonnels* parce qu'ils expriment une action n'ayant lieu qu'à la troisième personne du singulier de chaque temps. On ne peut pas dire *je pleus, je faux*, etc.; mais *il pleut, il pleuvait, il faut, il fallait*.

VERBE FALLOIR.

INDICATIF.
PRÉSENT.

Il *faut*.

IMPARFAIT.

Il fall *ait*.

PASSÉ DÉFINI.

Il fall *ut*.

PASSÉ INDÉFINI.

Il a fall *u*.

PASSÉ ANTÉRIEUR.

Il eut fall *u*.

PLUS-QUE-PARFAIT.

Il avait fall *u*.

FUTUR.

Il *faudra*.

FUTUR ANTÉRIEUR.

Il aura fall *u*.

CONDITIONNEL.
PRÉSENT.

Il *faudrait*.

PASSÉ (1re forme).

Il aurait fall *u*.

PASSÉ (2e forme).

Il eût fall *u*.

SUBJONCTIF.
PRÉSENT.

Qu'il *faille*.

IMPARFAIT.

Qu'il fall *ût*.

PASSÉ.

Qu'il ait fall *u*.

PLUS-QUE-PARFAIT.

Qu'il eût fall *u*.

INFINITIF.
PRÉSENT.

Fall *oir*.

PARTICIPE PASSÉ.

Ayant fall *u*.

CHAPITRE IX.

FORMATION DES TEMPS.

112. — *En combien de classes se divisent les temps des verbes relativement à leur formation ?*

Les temps des verbes se divisent en deux classes, savoir : les temps *primitifs* et les temps *dérivés.*

113. — *Qu'appelle-t-on temps primitifs ?*

On appelle *temps primitifs* les temps qui servent à former les autres.

114. — *Combien compte-t-on de temps primitifs ?*

On compte cinq *temps primitifs*, savoir :

1° Le *présent de l'infinitif,*

2° Le *participe présent,*

3° Le *participe passé,*

4° Le *présent de l'indicatif,*

5° Le *passé défini.*

115. — *Qu'appelle-t-on temps dérivés ?*

On appelle *temps dérivés* les temps qui dérivent des temps primitifs, c'est-à-dire qui sont formés des temps primitifs.

116. — *Quels sont les temps formés par le présent de l'infinitif ?*

Le *présent de l'infinitif* forme :

1° Le *futur simple* en changeant l'*r* final des verbes de la première et de la deuxième conjugaison, *oir* de la troisième conjugaison, *re* de la quatrième conjugaison en *rai* pour la première personne singulière, *ras* pour la deuxième personne singulière, *ra* pour la troisième personne singulière, *rons* pour la première personne plurielle *rez* pour la deuxième personne plurielle, *ront* pour la troisième personne plurielle. Exemple :

Chanter fait au futur *chanterai, chanteras,* etc.

Finir fait au futur *finirai, finiras,* etc.

Recevoir fait au futur *recevrai, recevras,* etc.

Rendre fait au futur *rendrai, rendras,* etc.

2° Le *présent du conditionnel* en changeant l'*r* final des deux premières conjugaisons *oir* de la troisième conjugaison, *re* de la quatrième conjugaison en *rais* pour la première du singulier, *rais* pour la deuxième personne du singulier, *rait* pour la troisième personne du singulier, *rions* pour la première personne du pluriel, *riez* pour la deuxième personne du pluriel, *raient* pour la troisième personne du pluriel. Exemples :

Chanter fait au présent du conditionnel *chanterais, chanterais,* etc.

Finir fait au présent du conditionnel *finirais, finirais,* etc.

Recevoir fait au présent du conditionnel *recevrais, recevrais,* etc.

Rendre fait au présent du conditionnel *rendrais, rendrais,* etc.

117. — *Quels sont les temps formés par le participe présent ?*

Le *participe présent* forme :

1° Les trois personnes plurielles du *présent de l'indicatif* en changeant *ant* en *ons* pour la première personne du pluriel, *ez* pour la deuxième personne du pluriel, *ent* pour la troisième personne du pluriel. Exemple :

Chantant fait *chantons, chantez, chantent.*

Finissant fait *finissons, finissez, finissent.*

Recevant fait *recevons, recevez, reçoivent.*

Rendant fait *rendons, rendez, rendent.*

2° L'*imparfait de l'indicatif* en changeant *ant* en *ais* pour la première personne du singulier, *ais* pour la deuxième personne du singulier, *ait* pour la troisième personne du singulier, *ions* pour la première personne du pluriel, *iez* pour la deuxième personne du pluriel, *aient* pour la troisième personne du pluriel. Exemples :

Chantant fait *je chantais, nous chantions,* etc.

Finissant fait *je finissais, nous finissions,* etc.

Recevant fait *je recevais, nous recevions,* etc.

Rendant fait *je rendais, nous rendions,* etc.

3° Le *présent du subjonctif* en changeant *ant* en *e* pour la première personne du singulier, *es* pour la deuxième personne du singulier, *e* pour la troisième personne du singulier, *ions* pour la première personne du pluriel, *iez* pour la deuxième personne du pluriel, *ent* pour la troisième personne du pluriel. Exemple :

Chantant, fait *que je chante*, *que nous chantions*, etc.

Finissant, fait *que je finisse*, *que nous finissions*, etc.

Recevant, fait *que je reçoive*, *que nous recevions*, etc.

Rendant, fait *que je rende*, *que nous rendions*, etc.

118. — *Quel est le temps formé par le présent de l'indicatif ?*

Le *présent de l'indicatif* forme :

Le *présent de l'impératif* en ôtant les pronoms *je* pour la première personne du singulier, *nous* pour la première personne du pluriel, *vous* pour la deuxième personne du pluriel, *je chante, nous chantons, vous chantez.* — *Chante, chantons, chantez.* — *Je finis, nous finissons, vous finissez, finis, finissons, finissez,* etc. etc.

119. — *Quel est le temps formé par le passé défini ?*

L'imparfait du subjonctif en changeant *ai, as, a, âmes, âtes, èrent* en *asse* pour la première personne du singulier, *asses* pour la deuxième personne du singulier, *ât* pour la troisième personne du singulier, *assions* pour la première personne du pluriel, *assiez* pour la deuxième personne du pluriel, *assent* pour la troisième personne du pluriel, pour la première conjugaison, et en ajoutant *se* pour les trois autres conjugaisons, etc.

Finis, fait finisse, finisses, etc.

Reçus, fait reçusse, reçusses, etc.

Rendis, fait rendisse, rendisses, etc.

120. — *Quels sont les temps formés par le participe passé ?*

Le *participe passé* forme tous les temps passés en s'ajoutant à l'auxiliaire *avoir* ou *être.*

Les temps conjugués avec un auxiliaire s'appellent *temps composés* et les autres s'appellent *temps simples.*

CHAPITRE X.

VERBES IRRÉGULIERS,
VERBES DÉFECTIFS.

121. — *Qu'appelle-t-on verbes irréguliers?*

On appelle *verbes irréguliers* ceux qui ne suivent pas la conjugaison modèle. Ainsi, le verbe *sortir* est un verbe irrégulier ; le participe présent est *sortant* au lieu de *sortissant*, le présent de l'indicatif est *je sors* au lieu de *je sortis*.

122. — *Combien distingue-t-on de sortes de verbes irréguliers?*

On distingue deux sortes de verbes irréguliers :

1° Ceux qui ne sont irréguliers que dans leurs temps primitifs,

2° Ceux qui sont irréguliers à la fois et dans leurs temps primitifs et dans leurs temps dérivés.

Ainsi, le verbe *souffrir* n'est irrégulier que dans ses temps primitifs ; il fait, au participe présent, *souffrant* au lieu de *souffrissant*, au participe passé *souffert* au lieu de *souffri*.

Le verbe *courir* est à la fois irrégulier dans ses temps primitifs et dans ses temps dérivés.

Le futur et le présent du conditionnel, qui sont des temps dérivés, font *je courrai*, etc., *je courrais*, etc., au lieu de *je courai* etc. *je courais*, etc.

NOTA. — Les verbes *finir* et *recevoir*, donnés comme modèle, ne sont pas réguliers. Ainsi, *finir* devrait faire *finant* au participe présent, et par contre *je finais* à l'imparfait de l'indicatif, etc. Le verbe *recevoir* est aussi irrégulier, car son participe présent étant *recevant*, il devrait faire *receve* au présent du subjonctif, etc.

123. — *Qu'appelle-t-on verbes défectifs?*

On appelle *verbes défectifs* ceux auxquels il manque quelques temps ou seulement quelques personnes.

Tous les verbes unipersonnels sont des verbes défectifs, puisque dans leur conjugaison ils ne sont employés qu'à la troisième personne singulière de chaque temps.

Dans les verbes défectifs, lorsqu'il manque un temps primitif, les temps qui en dérivent manquent également.

Dans la table des verbes irréguliers, les verbes défectifs auxquels il manque un ou plusieurs temps primitifs sont suivis d'un astérisque (*).

124. — VERBES IRRÉGULIERS.

PRÉSENT de l'infinitif	PARTICIPE PRÉSENT.	PARTICIPE PASSÉ.	PRÉSENT de l'indicatif	PASSÉ DÉFINI.
PREMIÈRE CONJUGAISON.				
Aller...	Allant...	Allé...	Je vais.	J'allai.
Envoyer.	Envoyant.	Envoyé.	J'envoie.	J'envoyai.
DEUXIÈME CONJUGAISON.				
Acquérir.	Acquérant.	Acquis.	J'acquiers.	J'acquis.
Bouillir..	Bouillant.	Bouilli.	Je bous.	Je bouillis.
Couvrir..	Couvrant.	Couvert.	Je couvre.	Je couvris.
Courir.	Courant.	Couru.	Je cours.	Je courus.
Cueillir.	Cueillant.	Cueilli.	Je cueille.	Je cueillis.
Dormir..	Dormant.	Dormi.	Je dors..	Je dormis.
Faillir....	Faillant.	Failli.	Je faux.	Je faillis.
Fuir....	Fuyant.	Fui.	Je fuis.	Je fuis.
Gésir* ..	Gisant.		Il git	
Mentir..	Mentant.	Menti.	Je mens.	Je mentis.
Mourir..	Mourant.	Mort.	Je meurs.	Je mourus.
Offrir.	Offrant.	Offert.	J'offre.	J'offris.
Ouvrir.	Ouvrant.	Ouvert.	J'ouvre.	J'ouvris.
Partir.	Partant.	Parti.	Je pars.	Je partis.
Sentir.	Sentant.	Senti.	Je sens.	Je sentis.
Servir.	Servant.	Servi.	Je sers.	Je servis.
Sortir.	Sortant.	Sorti.	Je sors.	Je sortis.
Souffrir.	Souffrant.	Souffert.	Je souffre.	Je souffris.
Tenir.	Tenant.	Tenu.	Je tiens.	Je tins.
Tressaillir.	Tressaillant.	Tressailli.	Je tressaille.	Je tressaillis.
Venir.	Venant.	Venu.	Je viens.	Je vins.
Vêtir.	Vêtant.	Vêtu.	Je vêts.	Je vêtis.
TROISIÈME CONJUGAISON.				
Asseoir..	Asseyant.	Assis.	J'assieds.	J'assis.
Déchoir*.		Déchu.	Je déchois.	Je déchus.

PRÉSENT de l'infinitif.	PARTICIPE PRÉSENT.	PARTICIPE PASSÉ.	PRÉSENT de l'indicatif	PASSÉ DÉFINI

TROISIÈME CONJUGAISON (suite).

PRÉSENT de l'infinitif.	PARTICIPE PRÉSENT.	PARTICIPE PASSÉ.	PRÉSENT de l'indicatif	PASSÉ DÉFINI
Echoir...	Echéant...	Echu....	Il échoit.	Il échut.
Falloir*.		Fallu....	Il faut...	Il fallut.
Mouvoir	Mouvant..	Mû	Je meus.	Je mus.
Pleuvoir.	Pleuvant.	Plu....	Il pleut.	Il plut.
Pourvoir.	Pourvoyant.	Pourvu.	Je pourvois.	Je pourvus.
Pouvoir..	Pouvant..	Pu	Je peux ou je puis	Je pus.
Prévaloir	Prévalant.	Prévalu.	Je prévaux.	Je prévalus.
Prévoir..	Prévoyant.	Prévu..	Je prévois.	Je prévis.
Savoir...	Sachant...	Su....	Je sais...	Je sus.
S'asseoir.	S'asseyant	Assis.	Je m'assieds	Je m'assis
Surseoir	Sursoyant	Sursis.	Je surseois.	Je sursis,
Valoir..	Valant...	Valu...	Je vaux..	Je valus.
Voir....	Voyant...	Vu	Je vois...	Je vis.
Vouloir..	Voulant..	Voulu...	Je veux..	Je voulus

QUATRIÈME CONJUGAISON.

PRÉSENT de l'infinitif.	PARTICIPE PRÉSENT.	PARTICIPE PASSÉ.	PRÉSENT de l'indicatif	PASSÉ DÉFINI
Absoudre *	Absolvant.	Absout, Absoute.	J'absous	
Battre..	Battant..	Battu.	Je bats..	Je battis.
Boire..	Buvant...	Bu..	Je bois..	Je bus.
Braire *			Il brait...	
Bruire *	Bruyant.			
Circoncire.	Circoncisant	Circoncis.	Je circoncis.	Je circoncis.
Clore *..		Clos..	Je clos.	
Conclure	Concluant.	Conclu.	Je conclus.	Je conclus.
Conduire	Conduisant.	Conduit.	Je conduis.	Je conduisis
Confire	Confisant.	Confit.	Je confis.	Je confis.
Connaître	Connaissant.	Connu.	Je connais.	Je connus
Coudre..	Cousant.	Cousu.	Je couds.	Je cousis.
Craindre.	Craignant.	Craint.	Je crains.	Je craignis.
Croire.	Croyant.	Cru.	Je crois..	Je crus.
Croître.	Croissant	Crû.	Je crois..	Je crûs.
Dire..	Disant.	Dit.	Je dis...	Je dis.
Eclore *		Eclos.	Il éclot	
Ecrire...	Ecrivant..	Ecrit...	J'écris..	J'écrivis
Exclure.	Excluant.	Exclu..	J'exclus..	J'exclus.
Faire....	Faisant..	Fait..	Je fais...	Je fis.
Frire *...		Frit..	Je fris	
Joindre..	Joignant.	Joint..	Je joins..	Je joignis.
Lire..	Lisant.	Lu..	Je lis....	Je lus.
Luire *..	Luisant.	Lui..	Je luis	

PRÉSENT de l'infinitif.	PARTICIPE PRÉSENT.	PARTICIPE PASSÉ.	PRÉSENT de l'indicatif	PASSÉ DÉFINI.
		QUATRIÈME CONJUGAISON (*suite*).		
Maudire	Maudissant	Maudit	Je maudis	Je maudis
Mettre	Mettant	Mis	Je mets	Je mis.
Moudre	Moulant	Moulu	Je mouds	Je moulus
Naître	Naissant	Né	Je nais	Je naquis.
Nuire	Nuisant	Nui	Je nuis	Je nuisis.
Paraître	Paraissant	Paru	Je parais.	Je parus.
Plaindre	Plaignant	Plaint	Je plains.	Je plaignis.
Plaire	Plaisant	Plu	Je plais.	Je plus.
Prendre	Prenant	Pris	Je prends	Je pris.
Réduire	Réduisant	Réduit	Je réduis	Je réduisis.
Repaître	Repaissant	Repu	Je repais.	Je repus.
Résoudre	Résolvant	Résolu, ou résous.	Je résous	Je résolus
Rire	Riant	Ri	Je ris	Je ris.
Rompre	Rompant	Rompu	Je romps.	Je rompis
Suffire	Suffisant	Suffi	Je suffis.	Je suffis.
Suivre	Suivant	Suivi	Je suis	Je suivis.
Taire	Taisant	Tu	Je tais.	Je tus.
Teindre	Teignant	Teint	Je teins.	Je teignis.
Traire *	Trayant	Trait	Je trais	
Vaincre	Vainquant	Vaincu	Je vaincs.	Je vainquis.
Vivre	Vivant	Vécu	Je vis	Je vécus.

CHAPITRE XI.

DU PARTICIPE.

Parmi les différentes formes que prennent les verbes pour exprimer l'action, il en est deux auxquelles on a donné le nom général de *participe*; l'une est nommée *participe présent* et l'autre *participe passé*. De là :

125. — *Qu'appelle-t-on* participes ?

On appelle *participe* deux formes spéciales dont se servent les verbes pour exprimer l'action.

126. — *Quel nom ont reçu ces deux formes spéciales ?*

Ces deux formes spéciales ont reçu l'une le nom de *participe présent* et l'autre le nom de *participe passé.*

127. — *Qu'est-ce que le participe présent ?*

Le *participe présent* est la forme spéciale toujours terminée par *ant*; elle exprime une action présente par rapport à l'époque dont on parle (1). Ainsi, dans cet exemple: « les enfants s'appliquant à leur travail et faisant la joie de leurs maîtres sont aimés et chéris dans leur famille. »

Les mots *s'appliquant, faisant,* sont deux *participes présents,* attendu que ce sont des formes particulières des verbes *s'appliquer* et *faire,* et que tout en exprimant une action présente par rapport à l'époque dont on parle ils sont terminés par *ant.*

Le *participe présent* est toujours terminé par *ant.*

128. — *Qu'est ce que le participe passé ?*

Le *participe passé* est la forme spéciale exprimant une action passée à l'aide de l'un des auxiliaires *avoir* et *être.* Ainsi, dans l'exemple ci-dessus, les deux mots aimés et chéris sont des *participes passés,* parce que ce sont deux formes spéciales des verbes *aimer* et *chérir,* exprimant chacune une action passée à l'aide de l'un des auxiliaires : ici c'est l'auxiliaire être (*sont*).

ADJECTIFS VERBAUX ET PARTICIPES PASSÉS EMPLOYÉS SANS AUXILIAIRES.

Parmi les adjectifs qualificatifs il y en a qui dérivent des verbes, et s'écrivent, au masculin singulier, exactement comme le participe présent. Ces adjectifs s'appellent *adjectifs verbaux.* Ainsi, dans ces exemples : voyez ces eaux croupissantes

---

(1) Nous ne parlons pas du seul participe présent qui exprime l'état, c'est-à-dire de *étant* participe présent du verbe *être.*

et entendez ces cris retentissants. » Ces mots
croupissantes et *retentissants* sont deux adjectifs qualificatifs puisqu'ils qualifient, c'est-à-
dire qu'ils indiquent la qualité, la propriété des
eaux, des cris; mais comme ces adjectifs qualificatifs viennent des verbes croupir et retentir,
on leur a donné la dénomination spéciale d'adjectifs verbaux. Donc :

129. — *Qu'appelle-t-on* adjectifs verbaux ?

On appelle *adjectifs verbaux* les adjectifs
qualificatifs qui viennent des verbes; au masculin singulier, ils s'écrivent exactement comme
le participe présent, qui est lui-même une forme
du verbe.

Outre les adjectifs verbaux, l'on distingue
encore parmi les adjectifs qualificatifs des adjectifs qui viennent des verbes et qui, au masculin singulier se présentent sous la forme des
participes passés. Il y a cette différence entre les
participes passés proprement dits et ces adjectifs,
que les participes passés expriment toujours une
action et qu'ils sont employés avec un des auxiliaires, tandis que l'adjectif qui vient d'un verbe,
et qui au masculin singulier s'écrit comme le
participe passé, est toujours employé sans auxiliaire; il remplit alors les fonctions d'un véritable
adjectif. Ces adjectifs peuvent s'appeler *participes
adjectifs*, mais on leur laisse généralement le
nom de *participes*.

Ainsi, dans ces exemples : « les fleurs cueillies, les blés dorés, » les deux mots *cueillies* et
dorés sont les deux participes passés des verbes
cueillir et *dorer*; mais comme ils sont employés
sans auxiliaire, il en résulte qu'au lieu de servir
à marquer l'action, ils servent à exprimer la
qualité ou la propriété des noms. Donc :

130. — *Qu'appelle t-on* participe adjectif?

On appelle *participe adjectif* le participe passé
employé sans auxiliaire; il sert alors à qualifier
les noms.

RÈGLES D'ACCORD DES PARTICIPES PASSÉS.

131. — *Comment s'accorde le participe passé
employé sans auxiliaire ?*

Les *participes adjectifs* ou, si l'on veut, les *participes passés* employés sans auxiliaire, s'accordent comme l'adjectif, puisqu'ils en remplissent le rôle, avec le nom qu'ils qualifient. Exemple : pomme mangée, fleur fanée, cerises cueillies ; *pomme* étant du féminin singulier, le participe adjectif *mangée* qui le qualifie se met au féminin singulier.

Ainsi des autres.

PARTICIPE PASSÉ PROPREMENT DIT.

Tout participe passé proprement dit, c'est-à-dire conjugué avec un des deux auxiliaires, est soumis aux observations suivantes.

132. — *Comment s'accorde le participe passé conjugué avec l'auxiliaire* avoir ?

Le participe passé conjugué avec l'auxiliaire *avoir* ne s'accorde en genre et en nombre qu'avec son complément direct, mais seulement lorsque ce complément direct le précède. Exemple : « Les pommes que nous avons mangées. » Le participe *mangées* conjugué avec l'auxiliaire avoir s'accorde avec son complément direct *que* et comme le complément direct *que* tient la place du nom *pommes*, qui est du féminin pluriel, il s'ensuit que le participe passé se met au féminin pluriel.

133. — *Comment s'accorde le participe passé conjugué avec l'auxiliaire* être ?

Le participe passé conjugué avec l'auxiliaire *être* s'accorde en genre et en nombre avec son sujet. Dans cet exemple : « Les fleurs complètes sont composées de quatre enveloppes, » le participe passé *composées* étant conjugué avec l'auxiliaire être (*sont*), s'accorde en genre et en nombre avec son sujet qui est *fleurs*, du féminin pluriel. Il y a exception pour le participe passé d'un verbe pronominal.

Le participe passé d'un verbe pronominal s'accorde en genre et en nombre avec son complément direct lorsqu'il en est précédé, attendu que dans ces verbes l'auxiliaire *être* est mis pour l'auxiliaire *avoir*. Ainsi, dans cet exemple : « Les fruits que nous nous sommes donnés, » le participe passé *donnés* s'accorde en genre et en nombre avec son complément direct *que* tenant la place de *fruits* placé avant.

CHAPITRE XII.

MOTS INVARIABLES.

ADVERBE.

134. — *Qu'appelle-t-on* adverbe ?

On appelle *adverbe* le mot invariable qui sert à modifier la signification du verbe, de l'adjectif ou d'un autre adverbe.

Ainsi, dans ces exemples : Cet homme parle *bien*. Cet orateur parle *très*-bien. Cette pâtisserie est *passablement* bonne. Le mot *bien* modifie la signification du verbe parle en faisant connaître comment l'homme parle, le mot *très* modifie la signification de l'adverbe *bien* en faisant connaître comment l'orateur parle bien ; le mot *passablement* modifie la signification de l'adjectif bonne en faisant connaître à quel degré la pâtisserie est bonne. Ces trois mots : *très, bien, passablement* sont appelés *adverbes*, vu qu'ils modifient le sens, soit d'un verbe, soit d'un adjectif, soit même d'un adverbe.

LISTE DES PRINCIPAUX ADVERBES.

Les principaux adverbes sont :

Aujourd'hui, autrefois, aussitôt, alors, bientôt, demain, devant, dessous, derrière, moins, peu, trop, tard, ici, là, où, etc.

135. — *Comment appelle-t-on une réunion de mots jouant le rôle d'adverbe ?*

Une réunion de mots jouant le rôle d'adverbe s'appelle *locution adverbiale.* Exemple : sur le champ.

136. — *Quelles sont les principales locutions adverbiales ?*

Les principales *locutions adverbiales* sont : *ne pas, ne point, sans cesse, tout de suite, tout-à-l'heure, après-demain.*

PRÉPOSITION.

137. — *Qu'appelle-t-on* préposition ?

On appelle *préposition* le mot invariable qui sert à marquer les rapports que les mots ont entre eux. Ainsi, dans cet exemple : « les fruits de la terre servent à la nourriture de l'homme, » les trois mots *de, à, de* sont trois prépositions, attendu que ce sont trois mots qui servent à marquer les rapports que des mots ont entre eux. En effet, le premier mot *de* sert à marquer le rapport qu'il y a entre les fruits et la terre, le deuxième mot *à* sert à marquer le rapport qu'il y a entre servent et la nourriture ; le troisième mot *de* sert à marquer le rapport qu'il y a entre la nourriture et l'homme. Sans ces trois mots *de, à, de*, les autres ne signifient rien, et avec ces trois mots on connaît les rapports qui existent entre les autres.

138. — *Qu'appelle-t-on* locution prépositive ?

On appelle *locution prépositive* la préposition formée de plusieurs mots comme, *à travers, au travers.*

139. — *Quelles sont les principales* prépositions ?

Les principales *prépositions* sont : *à, après, chez, dans, de, derrière, devant, en, parmi, sur, sous, vers, avant, depuis, dès, entre, moyennant, par, avec, durant, pendant, selon, suivant, hors, outre, sans, contre, malgré, nonobstant, envers, pour, touchant.*

CONJONCTION.

140. — *Qu'appelle-t-on* conjonction ?

On appelle *conjonction* le mot invariable qui sert à joindre, à unir soit deux mots, soit deux parties de phrase. Ainsi, dans ces exemples : Paris et Lyon sont deux grandes villes. L'homme est mortel, mais son âme est immortelle. Le mot et daus le premier exemple, qui "ert à unir le mot Paris au mot Lyon, est une conjonction. Pareillement, le mot *mais* dans le deuxième exemple, qui sert à unir la partie de phrase *l'homme est mortel*, à la partie de phrase *son âme est immortelle* est une conjonction.

141. — *Quelles sont les principales* conjonctions ?

Les principales *conjonctions* sont : *et, si, mais, car, comme, cependant, or, donc*, etc.

142. — *Qu'appelle-t-on* locutions conjonctives ?

On appelle *locutions conjonctives* une réunion de mots jouant le rôle de conjonctions. Les principales sont : *afin que, ainsi que, pourvu que, comme que, pendant que, de même que*, etc.

INTERJECTION.

143. — *Qu'appelle-t-on* interjection ?

On appelle *interjection* le mot invariable qui sert à exprimer un mouvement vif et subit de l'âme. Ainsi, une mère en apprenant la mort subite de sa fille sera instantanément en proie à une douloureuse émotion, et devant ce grand malheur, qui l'atteint dans ses affections les plus chères, elle proférera, c'est-à-dire elle laissera échapper un de ces cris pénibles, déchirants ; ah! mon Dieu. Ah! ma fille. Ces deux mots *ah! ah!* sont deux interjections.

Il en est de même pour les autres mots qui expriment une émotion vive et subite de joie ou de douleur.

144. — *Quelles sont les principales* interjections?

Les principales *interjections* sont : *ah! bà! eh! hé! hélas! hom! oh! ho! holà! ô!*

145. — *Qu'appelle-t-on* locutions interjectives ?

On appelle *locutions interjectives* une réunion de mots jouant le rôle d'interjections. Exemple : *fi-donc! grand-Dieu! juste-ciel!*

CHAPITRE XIII.

ÉTYMOLOGIE USUELLE

OU

ÉTUDE DES ÉLÉMENTS QUI CONSTITUENT LA SIGNIFICATION DES MOTS.

Étudier les mots dans leur signification propre c'est ce qu'on appelle *étymologie*. Donc :

146. — *Que fait connaître l'étude de l'étymologie ?*

L'étude de l'*étymologie* fait connaître les divers éléments qui entrent dans la composition des mots.

147. — *Comment s'appellent ces diverses parties ?*

Ces diverses parties s'appellent :

1° *Racine*,
2° *Radical*,
3° *Désinence*,
4° *Préfixe*.

148. — *Qu'appelle-t-on racine ?*

On appelle *racine* la partie qui sert de souche à un ensemble de mots. Ainsi, dans les mots suivants : *statue, stable, instable, distant, constant*, etc., la partie *sta*, qui est comme la souche, le pivot sur lequel on construit d'autres mots, s'appelle *racine*.

149. — *Qu'appelle-t-on radical ?*

Soient les mots : *mont, monter, montagne, monticule, montueux, montagnard, monter, montant, monteur, monture, montage*, la partie *mont*, qui est commune à ces différents mots, s'appelle *radical*.

150. — *Qu'appelle-t-on désinence ?*

On appelle *désinence* la partie qui se trouve après le radical *mont* de chaque mot ; c'est la désinence, comme on le voit, qui donne au radical *mont* une signification particulière.

151. — *Qu'appelle-t-on* préfixe ?

Soient les mots : *reporter*, *rapporter*, *supporter*, *transporter*, etc., les parties *re*, *rap*, *sup*, *trans*, qui précèdent le radical *port*, et qui lui font avoir une signification particulière, s'appellent *préfixes.*

SENS PROPRE ET SENS FIGURÉ.

152. — *Combien les mots peuvent-ils avoir de sens ?*

Les mots peuvent avoir deux sens, c'est-à-dire deux significations : 1° le *sens propre*, 2° le *sens figuré.*

153. — *Qu'appelle-t-on* sens propre d'un mot ?

On appelle *sens propre* d'un mot la signification primitive d'un mot. Ainsi, le sens propre du verbe *fleurir* c'est de *produire des fleurs.*

154. — *Qu'appelle-t-on* sens figuré ?

On appelle *sens figuré* d'un mot le sens détourné de ce mot. Ainsi, le sens figuré du verbe *fleurir* est *prospérer.* Exemple : « Les lettres florissaient sous Louis XIV. » Là, en effet, la signification du verbe est détournée ; il ne désigne pas *produire des fleurs*, mais bien *prospérer.*

FAMILLE DE MOTS.

155. — *Qu'entend-on par* famille de mots ?

Par *famille de mots* on entend un ensemble de mots qui ont la même racine. Ainsi, les mots : *station*, *stable*, *distant*, *constant*, *statue*, etc., sont des mots de la même famille vu qu'ils ont la même racine.

HOMONYMES.

156. — *Qu'appelle-t-on* homonymes ?

On appelle *homonymes* des mots qui ont la même prononciation, mais qui n'ont pas, ni la même signification, ni généralement la même orthographe.

4

Liste des principaux homonymes.

Air.	Cent.	Dam.
Aire.	Sang.	Dans.
Ère.	Sans.	Dent.
Erre.		
Haire.	Sens.	Echo.
Hère.	Cens.	Ecot.
Appas.	Cerf.	Enter.
Appat.	Serf.	Hanter.
	Serre.	
Après.		
Apprêt.	Cher.	Epicer.
	Chair.	Episser.
Are.	Chère.	
Arrhes.	Chaire.	Fausse.
Art.		Fosse.
Hard.	Chas.	
Hart.	Cha.	Fond.
	Chat.	Fonds.
Auspice.	Schah.	Fonts.
Auspices.		
Hospice.	Compte.	Gard.
	Comte.	Gars.
Balai.	Conte.	Gare.
Balais.		
Ballet.	Contumace.	Gaz.
	Contumax.	Gaze.
Bai.	Coque.	Gué.
Baie.	Cok.	Gai.
Bey.	Coq.	Guet.
Basilic.	Cou.	Géal.
Basilique.	Coup.	Jal.
	Coût.	Jet.
Brut.		
Brute.	Cor.	Lai.
	Cors.	Laid.
Cahot.	Corps.	Laie.
Cahos.		Lait.
	Dais.	Lé.
Cap.	Dé.	Legs.
Cape.	Dès.	Les.
Cappe.	Dey.	

Lut.	Août.	Seing.
Luth.	Houe.	Ceint.
Lutte.	Houx.	Cinq.
Ma.	Raie.	Saut.
Mat.	Rais.	Seau.
Mât.	Retz.	Sceaux.
		Seau.
Mai.	Raine.	Sot.
Maie.	Reine.	
Mais.	Rêne.	Vair.
Mes.	Renne.	Ver.
Mets.		Verre.
	Sain.	Vers.
On.	Saint.	Vert.
Où.	Sein.	

SYNONYMES.

167. — Qu'appelle-t-on synonymes ?

On appelle *synonymes* des mots qui, sans avoir la même orthographe, ont néanmoins à peu près la même signification.

Liste de quelques synonymes.

Abominable, détestable, exécrable.
Béatitude, bonheur, félicité, plaisir.
Caducité, décrépitude, vieillesse.
Contraindre, forcer, violenter.
Consternation, étonnement, surprise.
Apprendre, étudier.
Excuser, pardonner.
Déraciner, extirper.
Bottier, cordonnier, savetier.
Disciple, écolier, élève.
Accident, désastre, malheur.
Mensonge, menterie.
Agriculteur, agronome, laboureur.
Blême, livide, pâle.
Fainéant, paresseux.
Frayeur, peur, terreur.
Emeute, insurrection, révolution.
Château, chaumière, hutte, maison, palais.

CHAPITRE XIV.

PONCTUATION.

158. — *En quoi consiste la* ponctuation ?

La *ponctuation* consiste à séparer différentes phrases ou parties d'une même phrase par des signes particuliers. Ces signes particuliers s'appellent signes de ponctuation ; ce sont :

I. LA VIRGULE (,)

159. — *A quoi sert la* virgule ?

La virgule sert à séparer : 1° les différents sujets ou compléments d'un même verbe non unis par une conjonction. Exemple : « Les villes, les villages ont été dévastés, incendiés. Le courage et le sang-froid firent naître cette grande et belle action. »

2° Pour séparer différents mots se rapportant à un seul mot. Exemple : « L'élève intelligent , laborieux , soigneux , etc. L'homme croit , doute , pense , raisonne. »

3° Pour séparer des parties de phrases qui peuvent être retranchées sans nuire au sens de la phrase. Exemple : « Cet homme, qui est vieux, parle pourtant bien lucidement. »

4° Pour remplacer un verbe sous-entendu. Exemple : « La vérité est dans cette déposition, et l'erreur, dans cette autre. »

II. LE POINT VIRGULE (;)

160. — *Où s'emploie le* point virgule ?

Le *point virgule* s'emploie pour séparer des parties semblables d'une même phrase. Exemple. « L'homme est mortel ; son âme est immortelle. »

III. LES DEUX POINTS (:)

161. — *Où s'emploient les* deux points ?

Les *deux points* s'emploient :

1° Pour annoncer une citation. Exemple : « Le Christ a dit : Aimez-vous les uns les autres. »

2° **Devant** une proposition qui complète la précédente. Exemple : « Nous devons aimer tous les hommes : tous les hommes ne sont-ils pas frères. »

3° **Devant** une énumération. Exemple : « La France compte deux grands capitaines : Charlemagne, Bonaparte. »

IV. LE POINT (.)

162. — *Où se met le point ?*
Le *point* se met après toutes les phrases. Exemple : « L'homme naît et meurt. Les empires naissent et tombent. »

V. LE POINT D'EXCLAMATION (!)

163. — *Où s'emploie le point d'exclamation ?*
Le *point d'exclamation* s'emploie après les mots ou les expressions qui marquent la joie, la douleur, la sagesse etc. Exemple : Oh ! grand Dieu ! Quel malheur ! Quel bonheur ! Eh ! mon ami, vous travaillez à merveille !

VI. LE POINT D'INTERROGATION (?)

164. — *Où s'emploie le point d'interrogation ?*
Le *point d'interrogation* s'emploie après les expressions interrogatives. Exemples : Où allez-vous ? D'où venez-vous ?

VII. LE TIRET (—)

165. *Où s'emploie le tiret ?*
Le *tiret* s'emploie pour indiquer le changement d'interlocuteur. Exemple : « Allez-vous à Paris. — Non, monsieur.

VIII. LES POINTS DE SUSPENSION (.....)

166. *Où s'emploient les points de suspension*
Les *points de suspension* s'emploient pour indiquer une suspension, un repos. Exemple : « Que voulez-vous qu'il fît contre trois..... qu'il mourût. »

IX. LA PARENTHÈSE (¹)

167. — A quoi sert la parenthèse ?
La *parenthèse* sert à renfermer des phrases ou des parties de phrases qui expliquent la pensée, mais qui ne sont pas indispensables. Exemple : « Bonaparte (qui naquit à Ajaccio) devint consul, puis empereur. »

MAJUSCULE

168. — Qu'appelle-t-on majuscule ?
On appelle *majuscule* la grande lettre qui commence certains mots.

169. — Où s'emploient les majuscules ?
Les *majuscules* ou *grandes lettres* s'emploient :
1º Au commencement d'une phrase. Exemple : « L'homme est une créature raisonnable. »
2º Dans le corps d'un discours, au commencement de chaque phrase. Exemple : « La nature parle de l'homme. Reconnaissons-y l'ouvrage de Dieu. »
3º Au commencement de chaque vers. Exemple :

Celui qui met un frein à la fureur des flots,
Sait aussi des méchants arrêter les complots.
(Racine).

4º Au commencement des noms propres. Exemple : *Dieu*, *Pyrénées*, *Henri*, *Louis*, *Anjou*, etc.
5º Au commencement d'une citation. Exemple : Bonaparte dit à ses soldats : « Du haut de ces pyramides quarante siècles vous contemplent. »
6º Au commencement des mots mis en apostrophe. Exemple : « *O* France ma bien-aimée patrie ! »

CHAPITRE XV.

ÉTUDE DE LA PROPOSITION

Quand on pense à quelque chose, on a ce qu'on appelle une idée. Ainsi, quand on pense à l'Être suprême, Dieu, on a une idée ; mais ce n'est qu'une idée ; on ne pense qu'à un seul être : *Dieu*.

Cette idée est incomplète et ne satisfait pas l'esprit qui veut connaître les qualités, les défauts ou les propriétés de l'idée; c'est ainsi qu'après avoir pensé à *Dieu*, et acquis par conséquent l'idée de Dieu, on pense à autre chose, à la *bonté* par exemple; on a alors une nouvelle idée: celle de la bonté.

Lorqu'on possède ces deux idées, on ne s'arrête pas, on se pose des questions, on fournit des réponses.

On a l'idée de *Dieu* et une idée générale de *bonté*: mais Dieu est-il bon ? Comme on voit que l'idée de *bonté* convient à *Dieu* on en conclut qu'on peut unir ces deux idées et dire: *Dieu est bon*.

Or, dire que deux idées se conviennent comme les deux idées: *Dieu, bon*, ou bien dire qu'elles ne se conviennent pas, c'est faire ce que l'on appelle un jugement, ce jugement écrit s'appelle *proposition*. Donc:

170. — *Qu'appelle-t-on proposition ?*

On appelle *proposition* l'énonciation d'un jugement. Exemple: *Dieu est bon*: voilà une proposition.

171. — *De combien de parties essentielles se compose la proposition ?*

La *proposition* se compose toujours de trois parties essentielles, savoir: le *sujet*, le *verbe* et l'*attribut*.

172. — *Qu'appelle-t-on sujet dans la proposition ?*

On appelle *sujet* dans la proposition le mot représentant la personne, l'animal ou la chose sur laquelle on porte un jugement. Ainsi, dans cette proposition: *Dieu est bon*, le mot *Dieu* est *sujet* parce que c'est l'être sur lequel on porte un jugement. Le sujet est donc la partie principale de la proposition.

173. — *Qu'appelle-t-on attribut ?*

On appelle *attribut* le mot indiquant la qualité, le défaut, la propriété que l'on reconnaît convenir ou ne pas convenir au sujet. Ainsi, dans cette proposition: *Dieu est bon*, le mot *bon* est *attribut* parce que c'est le mot indiquant la qualité qui convient au sujet *Dieu*.

174. — Qu'appelle-t-on verbe ?

On appelle *verbe* le mot servant d'union, de lien à l'attribut et au sujet. Ainsi, dans cette proposition : *Dieu est bon*, le mot *est* voilà le verbe parce que c'est le mot servant d'union, de lien à l'attribut *bon* et au sujet *Dieu*. En effet, sans le verbe *est* les deux idées : *Dieu, bon*, n'ont aucun rapport ; mais avec ce mot, elles sont liées, unies et forment un sens complet.

Nota. — Le verbe de la proposition est toujours le verbe *être*. Quand la proposition est construite avec un verbe, autre que le verbe *être*, on obtient l'écriture véritable de la proposition, en remplaçant le verbe exprimé par le verbe *être*, au même temps, suivi immédiatement du participe présent du verbe exprimé. Ainsi, soit cette proposition, construite avec un verbe exprimant l'action : *Les intrigants rampent*. Pour avoir l'écriture véritable de la proposition, je remplace le verbe exprimé *rampent* par le verbe *être* du même temps, suivi immédiatement du participe présent du verbe exprimé, et j'ai : *Les intrigants sont rampant*. Dans ces sortes de propositions, le *participe présent* est toujours *l'attribut*.

COMPLÉMENTS.

Le sujet, le verbe et l'attribut, avons-nous dit, sont les trois parties essentielles de toute proposition, parce que l'on ne peut concevoir une proposition sans la présence de ces trois parties.

Outre ces parties essentielles, il peut y en avoir d'autres accessoires, c'est-à-dire qui ne sont pas d'une nécessité absolue, mais qui complètent, soit le sujet, soit l'attribut. Ce sont ces mots qui complètent, soit le sujet, soit l'attribut, qu'on appelle *compléments*. Donc :

175. — Qu'appelle-t-on compléments ?

On appelle *compléments*, les mots qui complètent le sujet ou l'attribut. Ainsi, dans cet exemple : « L'âme de l'homme est immortelle, » *âme* est le sujet du verbe *est*; *homme* est le complément du sujet *âme*.

Dans cet autre exemple : « La paresse est la mère de tous les vices, » le mot *mère* est l'attribut du sujet *paresse*, et le mot *vices* est le complément de l'attribut *mère*. Il suit de là :

1° Que le *sujet* sera complexe ou incomplexe, selon qu'il sera complété ou non complété.

2° Que l'*attribut* sera complexe ou incomplexe, selon qu'il sera complété ou non complété.

SUJET GRAMMATICAL, SUJET LOGIQUE.

176. — *Qu'appelle-t-on* sujet grammatical ?

On appelle *sujet grammatical* le mot représentant la personne, l'animal ou la chose sur laquelle on porte un jugement. Ainsi, dans cette proposition : « L'âme de l'homme est immortelle. » Le sujet grammatical est le mot *âme*, parce que c'est sur lui que tombe le jugement porté.

177. — *Qu'appelle-t-on* sujet logique ?

On appelle *sujet logique* le sujet grammatical accompagné de son complément. Ainsi, dans la proposition citée plus haut, le sujet logique est le sujet grammatical *âme*, accompagné de son complément *de l'homme*; le sujet logique est donc : *âme de l'homme*.

ATTRIBUT GRAMMATICAL, ATTRIBUT LOGIQUE.

178. — *Qu'appelle-t-on* attribut grammatical ?

On appelle *attribut grammatical* le mot indiquant la qualité, le défaut ou la propriété que l'on reconnaît convenir ou ne pas convenir au sujet. Ainsi, dans cette proposition : « La paresse est la mère de tous les vices, » le mot *mère*, indiquant la propriété ou le défaut qui convient au sujet *paresse*, est l'*attribut grammatical*.

179. — *Qu'appelle-t-on* attribut logique ?

On appelle *attribut logique* l'attribut grammatical accompagné de son complément. Ainsi, dans la proposition citée plus haut, l'attribut logique est l'*attribut grammatical*; *mère*, accompagné de son complément *vices*; l'*attribut logique* est donc : *la mère de tous les vices*.

4.

SUJET SIMPLE OU MULTIPLE, ATTRIBUT SIMPLE OU MULTIPLE.

Le sujet peut être *simple* ou *multiple*; il est *simple* lorsqu'il représente une ou plusieurs personnes, un ou plusieurs animaux, une ou plusieurs choses prises collectivement. Ainsi, dans ces propositions : « L'homme est mortel. Les agneaux sont doux, » les deux sujets : *homme* dans la première proposition, et *agneaux* dans la deuxième, sont deux sujets *simples* parce qu'ils représentent, le premier une seule personne, le deuxième plusieurs animaux pris collectivement.

Il est *multiple* lorsqu'il est représenté par plusieurs personnes, plusieurs animaux ou plusieurs choses énoncées séparément. Ainsi, dans cette proposition : « L'innocence, la modestie, et la candeur, sont surtout les priviléges de l'enfance, » le sujet est représenté par trois choses énoncées séparément : l'innocence, la modestie, la candeur; il est donc *multiple*.

L'attribut est simple ou multiple pour les mêmes raisons. Donc :

180. — *Qu'appelle-t-on* sujet simple ?

On appelle *sujet simple* le sujet qui est représenté par un mot désignant une ou plusieurs personnes, un ou plusieurs animaux, une ou plusieurs choses prises collectivement. Exemple : « L'homme est mortel. Les agneaux sont doux. »

181. — *Qu'appelle-t-on* sujet multiple ?

On appelle *sujet multiple* le sujet qui est représenté par plusieurs personnes, plusieurs animaux ou plusieurs choses énoncées séparément. Exemple : « L'innocence, la modestie et la candeur sont surtout les priviléges de l'enfance. »

182. — *Qu'appelle-t-on* attribut simple ?

On appelle *attribut simple* l'attribut qui n'exprime qu'une manière d'être du sujet. Exemple : « La colombe est timide. »

183. — *Qu'appelle-t-on* attribut multiple ?

On appelle *attribut multiple* l'attribut qui exprime plusieurs manières d'être du sujet. Exemple : « Ces élèves sont sages et studieux. »

DES DIFFÉRENTES PROPOSITIONS.

Quand plusieurs propositions sont énoncées pour exprimer la même pensée, on distingue une *proposition principale* et une ou plusieurs *propositions subordonnées*.

184. — *Qu'appelle-t-on* proposition principale?

On appelle proposition principale la proposition essentielle de la pensée, celle qui, à proprement parler, constitue la pensée. Ainsi, dans cet exemple : « L'homme qui travaille remplit son devoir, » la proposition principale c'est *l'homme remplit son devoir*.

185. — *Qu'appelle-t-on* proposition subordonnée?

On appelle proposition subordonnée la proposition qui dépend de la proposition principale. Ainsi, dans l'exemple ci-dessus la proposition subordonnée est *qui travaille*.

186. — *Quel nom donne-t-on aux propositions subordonnées?*

On donne aux propositions subordonnées le nom de *propositions incidentes*.

187. — *Combien compte-t-on de sortes de* propositions incidentes?

On compte deux sortes de *propositions incidentes*, savoir : L'incidente *déterminative* et l'incidente *explicative*.

Ainsi, dans ces deux exemples : « L'homme qui travaille remplit ses devoirs. La patrie, que nous devons aimer est notre mère sacrée, » les deux propositions principales sont : *L'homme remplit ses devoirs. La patrie est notre mère sacrée*, les deux autres propositions sont : la première, une *incidente déterminative*; la deuxième, une *incidente explicative*.

L'incidente déterminative est : *qui travaille*. L'incidente explicative est : *que nous devons aimer*. L'incidente déterminative est nécessaire au sens de la pensée; on ne peut la retrancher. L'incidente explicative peut être retranchée sans que pour cela la pensée perde de sa clarté. Donc :

188. — *Qu'appelle-t-on* incidente déterminative ?

On appelle *incidente déterminative* la proposition subordonnée qui est nécessaire à la phrase.

189. — *Qu'appelle-t-on* incidente explicative ?

On appelle *incidente explicative* la proposition subordonnée qui peut-être retranchée sans nuire au sens de la phrase.

190. — *Qu'appelle-t-on* phrase ?

On appelle *phrase* une ou plusieurs propositions ayant un sens complet. Exemple : Les hommes devraient penser tout ce qu'ils disent et, en général, pouvoir dire tout ce qu'ils pensent.

SYNTAXE.

CHAPITRE XVI.

NOM.

Étude des principales difficultés que présentent le genre et le nombre de certains noms.

191. — *Que savez-vous sur* aide ?

Aide est masculin quand il désigne une personne masculine qui aide, c'est-à-dire qui prête son concours. Exemple : Ce garçon et cet homme sont de *bons aides*.

Dans tous les autres cas, *aide* est féminin, soit qu'il désigne une personne féminine qui aide. Exemple : Ces femmes sont de *bonnes aides*, soit qu'il désigne un secours donné ou reçu. Exemple : Cette personne a fini son travail grâce aux *grandes aides* qu'elle a reçues.

192. — *Que savez-vous sur* aigle ?

Aigle est masculin : 1° quand il désigne le mâle de l'oiseau. Exemple : *Cet aigle* protége sa compagne et ses aiglons ; 2° quand il est employé dans le sens figuré. Exemple : Quelques orateurs distingués sont parfois appelés de *grands aigles*.

Aigle est féminin : 1° quand il désigne la femelle de cet oiseau. Exemple : *Cette aigle* (pour désigner la femelle) soigne ses aiglons ; 2° quand il désigne un drapeau ou une enseigne quelconque. Exemple : On nous prit nos *belles aigles* (pour désigner nos drapeaux) à Sédan. A l'*aigle familière* (pour désigner une enseigne de n'importe quelle maison).

193. — *Que savez-vous sur* amour, délice et orgue ?

Amour, *délice et orgue* sont masculins ou féminins. Ils sont généralement du masculin quand on les emploie au singulier. Exemples : Un *amour filial*, un *grand délice*, un *bel orgue*.

Ils sont généralement du féminin quand on les emploie au pluriel. Exemple : Les *innocentes amours*, les *pures délices*, les *belles orgues*.

194. — *Que savez-vous sur* couple ?

Couple est féminin ou masculin. Il est féminin quand il désigne seulement le nombre deux. Exemples : Une *couple de noix*, une *couple de pommes*.

Il est masculin quand il désigne : ou deux êtres unis par le mariage. Exemple : « Le plus *beau couple du monde*, c'est l'homme et la femme ; » ou deux animaux, mâle et femelle, qui vivent ensemble. Exemple : « *Un couple de pigeons* peut peupler un colombier ; » ou deux personnes qui agissent sous l'influence d'un même sentiment, d'un même instinct. Exemple : « *Ce couple de voleurs* est audacieux. » (Les deux voleurs sont bien deux personnes qui agissent sous l'influence d'un même sentiment, celui du vol.)

195. — *Que savez-vous sur* enfant ?

Enfant est masculin ou féminin. Il est masculin quand on parle d'un garçon. Exemple : Ce petit garçon est *un charmant enfant*. Il est féminin quand on parle d'une petite fille. Exemple : Cette petite fille est *une charmante enfant*.

196. — *Que savez-vous sur* garde ?

Garde est masculin ou féminin. Il est masculin quand il désigne l'homme. Exemple : Ce *garde-national*, ces *gardes-nationaux* sont décorés. Dans tous les autres cas, il est féminin. Exemple : La *garde nationale*, la *garde républicaine*.

197. — *Que savez-vous sur* gens ?

Gens est toujours du pluriel, et les adjectifs qui le qualifient ou qui le déterminent sont ou au masculin pluriel ou au féminin pluriel.

Tous les adjectifs qui se rapportent au mot *gens* et qui sont placés après ce nom sont toujours au masculin pluriel. Exemple : Cette personne logeait chez des *gens vieux* et *rusés.* Les adjectifs vieux et rusés se mettent au masculin pluriel parce qu'ils sont placés après le nom *gens,* qu'ils qualifient.

Les adjectifs qui se rapportent à *gens* et qui sont placés avant ce nom, se mettent au féminin pluriel. Exemple : Les *vieilles gens* sont souvent adversaires, l'adjectif vieilles est au féminin pluriel parce qu'il est placé avant le nom *gens,* qu'il qualifie.

Pourtant, lorsqu'un adjectif ayant la même terminaison pour les deux genres est placé immédiatement avant le mot *gens,* il se met au masculin pluriel, ainsi que les autres adjectifs qui le précèdent et qui se rapportent au nom *gens.* Exemple : Des *vieux et honnêtes gens* logent dans cette maison, les adjectifs vieux et honnêtes sont au masculin pluriel parce que l'adjectif honnête qui précède immédiatement *gens* a la même terminaison pour les deux genres, c'est-à-dire qu'il s'écrit de la même manière au féminin qu'au masculin. De même lorsqu'il n'y a que l'adjectif tout qui précède *gens,* cet adjectif se met au masculin pluriel. Exemple : *Tous les gens sensés* ont applaudi ; l'adjectif tous est au masculin pluriel parce qu'il est le seul qui précède le mot *gens.*

198. — *Que savez-vous sur hymne ?*

Hymne est masculin ou féminin. *Hymne* est masculin quand il désigne un chant national. Exemple : La Marseillaise est un *hymne* patriotique composé par Rouget de l'Isle.

Il est féminin quand il désigne un chant religieux. Exemple : Le *Te deum* est une des plus *belles hymnes* religieuses.

199. — *Que savez-vous sur orge ?*

Orge n'est masculin que dans ces deux expressions. Exemple : orge perlé, orge mondé.

200. — *Que savez-vous sur Pâques ?*

Pâques est masculin quand il désigne la fête des chrétiens ; alors il ne prend pas d'article. Exemple : *Pâques est quelquefois tardif.*

Il est féminin quand il désigne la fête des Juifs, il est alors précédé de l'article. Exemple : Jésus-Christ fit *la Pâque avec ses disciples.* Le nom *Pâques* employé au pluriel, est toujours du féminin. Exemple : Le dimanche des Rameaux est aussi appelé *Pâques-Fleuries*.

201. — *Que savez-vous sur* personne ?

Personne est masculin ou féminin. *Personne* est masculin quand il est mis pour aucun individu ; alors il n'est précédé ni d'un article, ni d'un adjectif déterminatif. Exemple : Il n'y a *personne d'heureux, de content, dans cette maison.*

Personne désignant quelqu'un est du féminin ; alors il est précédé soit d'un article, soit d'un adjectif déterminatif. Exemple : *Cette personne heureuse. La personne contente.*

202. — *Que savez-vous sur* quelque chose ?

Quelque chose est masculin ou féminin : Il est masculin quand il désigne une chose. Exemple : Cet enfant a besoin de *quelque chose de bon.*

Il est féminin quand il désigne n'importe quelle chose, quand il veut dire quelle que soit la chose. Exemple : *Quelque chose que vous ayez faite,* vous serez pardonnés. *Quelque chose* désigne bien, en effet, n'importe quelle chose, quelle que soit la chose.

PLURIEL DES NOMS PROPRES.

203. — *Comment s'écrivent les* noms propres *au pluriel ?*

Les *noms propres* employés au pluriel n'en prennent généralement pas la marque. Ainsi l'on écrira : Les *deux Corneille, les Fénelon, les Bossuet, les Racine, les Massillon,* etc., ont illustré la scène française. Dans ce cas, les *noms propres* désignent les personnes mêmes dont on parle.

Cependant les *noms propres* prennent la marque du pluriel lorsqu'ils désignent des hommes semblables à ceux dont on parle. Ainsi on dira : La France a eu *ses Alexandres, ses Sophocles,* c'est-à-dire des personnes semblables par leurs talents au grand Alexandre et au poëte tragique grec Sophocle. Dans ce cas, les noms ne désignent pas les personnes mêmes, mais bien des personnes qui leur sont semblables par les talents.

Nota. — Les *noms popres* de famille se mettent généralement au pluriel. Ainsi on écrira : *Les Bourbons, les Condés* pour désigner la famille des personnes qui portent le nom de Bourbon, de Condé.

PLURIEL DES NOMS EMPRUNTÉS AUX LANGUES ÉTRANGÈRES.

204. — *Comment s'écrivent, au pluriel, les noms empruntés aux langues étrangères?*

Les noms empruntés aux langues étrangères prennent généralement la lettre *s* pour former leur pluriel. Ainsi on dira : un pensum, des pensums; un agenda, des agendas; un bravo, des bravos; un solo, des solos; un piano, des pianos, etc.

Cependant les noms latins désignant une prière, ou un chant religieux, sont généralement invariables. Ainsi l'on écrira : un ou des *credo*; un ou des *pater*; un ou des *ave*, etc.

205. — *Comment s'écrivent au pluriel les noms composés empruntés aux langues étrangères ?*

Les noms composés, empruntés aux langues étrangères sont invariables. Exemple, ainsi on écrira : un ou des *ecce-homo*; un ou des *post-scriptum*, etc.

PLURIEL DES NOMS COMPOSÉS.

Voici les règles pour la formation du pluriel dans les *noms composés.*

206. PREMIÈRE OBSERVATION. — Quand les *noms composés* sont formés ou de deux *noms* comme *chou-navet, chou-fleur,* ou d'un *nom* et d'un *adjectif* comme *basse-cour, chat-huant,* les deux mots qui forment le *nom composé* prennent tous les deux la marque du pluriel. Exemple : des *choux-navets,* des *choux-fleurs,* des *basses-cours,* des *chats-huants.*

Nota. — Il y a quelques exceptions parmi lesquelles on distingue : *blanc-seing, chevau-léger, terre-plein, appui-main, hôtel-Dieu, brèche-dent,* qui font au pluriel : des *blanc-seings*, des *chevau-légers*, des *terre pleins*, des *appuis-main*, des *hôtels-Dieu*, des *brèche dents*.

207. DEUXIÈME OBSERVATION. — Quand les *noms composés* sont formés de deux *noms* unis par une *préposition* comme : *arc-en-ciel*, *chef-d'œuvre*, le premier *nom* seul prend la marque du *pluriel*. Ainsi on écrira : un *arc-en-ciel*, des *arcs-en-ciel* ; un *chef-d'œuvre*, des *chefs-d'œuvre*.

NOTA. — Il y a plusieurs exceptions à cette règle, parmi lesquelles on distingue : *coq-à-l'âne*, *pied-à-terre*, *pot-au-feu*, *tête-à-tête*, qui s'écrivent toujours de la même manière.

208. TROISIÈME OBSERVATION. — Quand les *noms composés* sont formés d'un *nom* et d'un *verbe* ou d'un *mot invariable*, comme : *avant-coureur*, *arrière-pensée*, le *nom* seul peut prendre la marque du *pluriel*. Exemple : un *avant-coureur*, des *avant-coureurs* ; une *arrière-pensée*, des *arrière pensées*.

NOTA. — Il y a plusieurs exceptions parmi lesquelles on distingue : *serre-tête*, *contre-poison*, *réveille-matin*, *couvre-pieds*, *cure-dents*, *abat-jour*, *brise raison*, *prie Dieu*, *garde chasse*, *casse-noisettes*, *porte-mouchettes*, *tire bottes*, etc. qui s'écrivent toujours de la même manière. Dans ces cas, il vaut mieux consulter le sens que la règle : *serre-tête*, qui serre la *tête*, *abat-jour*, qui *abat le jour*, etc.

209. QUATRIÈME OBSERVATION. — Quand les *noms composés* ne sont formés que de *mots invariables* ou de *mots invariables* joints à des *verbes*, aucun des mots formant le *nom composé* ne prend la marque du *pluriel*. Ainsi on écrira au *pluriel* comme au *singulier*, un ou *des passe-partout*, un ou *des pour boire*.

Dans les *noms composés* il n'y a, comme on le voit, que le *nom* et l'*adjectif* qui peuvent prendre la marque du *pluriel*.

CHAPITRE XVII.

ARTICLE.

EMPLOI ET SUPPRESSION DE L'ARTICLE.

210. — *Peut-on répéter* l'article *devant les noms d'une phrase ?*

On peut répéter l'*article* devant tous les noms d'une phrase, et dire par exemple : *Les* soldats, *les* vieillards, *les* femmes, *les* enfants même pleuraient leur patrie si chère.

211. — *Ne supprime-t-on pas quelquefois ces articles ?*

Oui, on supprime quelquefois ces articles, mais c'est uniquement pour donner plus de vivacité au style. Ainsi l'on dira, et la phrase n'en sera pas moins belle : soldats, vieillards, femmes, enfants même pleuraient leur chère patrie.

212. — *Qu'y a-t-il à remarquer sur l'emploi des articles* du, des, de la *?*

Les articles *du, des, de la* ne s'emploient que pour désigner une partie des noms qu'ils déterminent. Exemple : ainsi, l'article *du,* placé devant le nom *pain,* ne désigne qu'une partie de la chose qu'il détermine. Exemple : *Donnez-nous du pain.* En effet, le sens attaché au nom *pain* par l'article *du* est bien *une partie, une portion* de la chose appelée *pain.* Il en est de même pour ces expressions : acheter *de la farine,* vendre *des arbres,* c'est-à-dire *une partie* de la chose appelée *farine,* vendre *une partie* des choses appelées *arbres.* Ces articles sont appelés *articles partitifs,* et les noms déterminés *noms partitifs.*

213. — *Ne remplace-t-on pas quelquefois les articles* du, des, de la, *par la préposition* de *?*

Oui, on remplace les articles *du, des, de la* par la préposition *de,* mais seulement lorsque les noms partitifs qu'ils déterminent sont précédés d'un adjectif. Ainsi l'on dira : acheter *de* bonne farine au lieu de la bonne farine, vendre de gros arbres au lieu des gros arbres. Les articles sont supprimés et remplacés par la préposition de parce que les noms déterminés *farine* et *arbres* sont précédés, le premier de l'adjectif *bonne*, le deuxième de l'adjectif *gros*.

Nota. — Parfois il arrive que l'on conserve les articles *du, des, de la* déterminant des noms partitifs précédés d'un adjectif, mais c'est seulement lorsque l'adjectif et le nom forment une espèce de nom composé. Alors les articles ne sont plus, à proprement parler, devant un nom précédé d'un adjectif, mais bien devant une sorte de nom composé, et l'on ne fait que rentrer dans la règle générale en employant les articles. Ainsi l'on dira : connaissez-vous *des* petites maisons? Aimez-vous *des* petits pois?

214. — *Qu'y a-t-il à remarquer sur le nom commun complément d'un collectif partitif ou d'un adverbe de quantité?*

Le nom commun complément d'un collectif partitif ou d'un adverbe de quantité, ne prend pas d'article. Ainsi on dira : *une nuée de corbeaux*, nous avons visité *beaucoup de peuples*. Les noms *corbeaux* et *peuples* ne prennent point d'article parce qu'ils sont, le premier complément du collectif partitif *nuée*, le deuxième complément de l'adverbe de quantité *beaucoup*.

Cependant toutes les fois que le nom commun, complément d'un collectif partitif ou d'un adverbe de quantité, est déterminé par une proposition incidente, il prend alors l'article. Ainsi on dira : *Un grand nombre des soldats que nous avons vus avaient la médaille. Il reste peu des pommes que l'on a cueillies.* On emploie l'article *des* parce que les noms *soldats* et *pommes* sont déterminés, le premier par la proposition incidente : *que nous avons vus*, le deuxième par la proposition incidente : *que l'on a cueillies.*

Nota. — Les adverbes *la plupart* et *bien* exigent la présence de l'article pour le nom qui les complète. Exemples : *la plupart des hommes, bien des personnes.*

215. — *Que savez-vous sur le nom commun*

complément direct d'un verbe actif accompagné d'une négation?

Le nom commun, complément direct d'un verbe actif accompagné d'une négation, ne prend pas l'article, excepté toutefois quand ce nom commun est suivi d'un adjectif ou d'une proposition incidente. Ainsi, on écrira : *Je ne mange pas de viande, je ne mange pas de la viande rotie.* Dans le premier exemple, le nom viande ne prend pas l'article parce qu'il est le complément direct d'un verbe actif accompagné d'une négation. Dans le deuxième exemple, le nom viande prend l'article parce qu'il est suivi de l'adjectif rotie.

Je ne mange pas de la viande qui ne soit point cuite. Dans cet exemple, le nom *viande* prend l'article parce qu'il est déterminé par la proposition incidente : *qui ne soit point cuite.*

216. — *Que savez-vous sur l'emploi des articles* le, la, les, *devant les adverbes* plus, mieux, moins.

Les articles *le, la, les,* s'emploient devant les adverbes *plus, mieux, moins,* pour exprimer une comparaison. Ainsi on dira : ce garçon est *le plus* sage, cette fille est *la moins* instruite, ces soldats sont *les mieux* disciplinés, parce que dans ces exemples on fait des comparaisons avec d'autres garçons, d'autres filles, d'autres soldats. Toutefois, si la comparaison était portée au plus haut point, on emploierait seulement *le.* Ainsi on écrira : C'est auprès de leurs parents et devant les livres que les enfants aimants et studieux se croient *le plus* heureux. On emploie *le* dans cette comparaison parce qu'elle marque le plus haut point, le plus haut degré.

217. — *Qu'y a-t-il encore à remarquer dans l'emploi de l'article?*

L'emploi de l'article est de rigueur devant des adjectifs qui ne qualifient pas le même nom. Ainsi on écrira : *le jeune* et *le vieil* officier. *Le doux* et *charitable* Fénélon. Dans le premier exemple, l'article est répété devant chaque adjectif parce que les deux adjectifs ne qualifient pas le même nom. En effet, l'adjectif *jeune* et l'adjectif *vieil* ne peuvent qualifier le même nom officier. Dans le deuxième exemple, les deux adjectifs *doux* et *charitable* qualifient le même nom Fénelon. Il s'ensuit qu'on ne reproduit pas l'article devant le second adjectif.

CHAPITRE XVIII.

ADJECTIF.

FONCTIONS, PLACE ET COMPLÉMENT DES ADJECTIFS.

218. — *Quelle est la fonction des adjectifs ?*

La fonction des adjectifs est de qualifier ou de déterminer les noms et les pronoms. Exemple: « Non-seulement les hommes célèbres font la gloire de leur patrie, mais ils sont encore grands dans le monde. » L'adjectif *célèbres* qualifie le nom hommes, l'adjectif *leur* détermine le nom patrie, l'adjectif *grands* qualifie le pronom *ils*.

NOTA. — L'adjectif qualifiant ou déterminant le nom, qualifie ou détermine nécessairement le pronom, puisque le pronom tient la place du nom. A la rigueur, c'est le nom qui est qualifié ou déterminé, mais pour des nécessités de style, le nom se trouve remplacé par un pronom, qui joue alors le même rôle que le nom, et peut par conséquent être qualifié ou déterminé.

219. — *Où se placent les adjectifs ?*

Les adjectifs se placent généralement avant ou après les noms qu'ils qualifient ou qu'ils déterminent. Ainsi l'on dira : la *belle* maison, ces maisons *neuves*.

220. — *Peut-on placer indifféremment les adjectifs avant ou après les noms ?*

Il y a certains adjectifs que l'on peut placer indifféremment avant ou après les noms; mais généralement les adjectifs ont leur place déterminée pour tel et tel nom, et suivant qu'ils sont placés avant ou après, ils donnent un sens différent au nom qualifié. Ainsi dans ces phrases: Un *grand* homme. Un homme *grand*; l'adjectif *grand* placé avant le nom *homme* indique une personne d'un esprit supérieur, d'un talent extraordinaire. Ce même adjectif *grand* placé après le nom *homme*, indique une personne d'une taille élevée. L'usage et la lecture font connaître la place que l'on doit donner aux adjectifs qualifiant ou déterminant les noms.

221. — *Les adjectifs ont-ils des compléments?*

Oui, les adjectifs peuvent avoir des compléments à l'aide des prépositions *à, de, par*, etc. Exemple, ainsi l'on dira : *La mort ignominieuse doit être cruelle pour l'innocent. La fleur est charmante par sa beauté et par son parfum.* Dans ces phrases : *à l'innocent* est le complément de l'adjectif *cruelle; par sa beauté, par son parfum*, sont les deux compléments de l'adjectif *charmante*.

ACCORD DE L'ADJECTIF.

222. — *Comment s'accordent les adjectifs?*

Les adjectifs s'accordent en genre et en nombre avec les noms ou les pronoms qu'ils qualifient ou qu'ils déterminent. Ainsi, dans l'exemple cité plus haut : non seulement les hommes célèbres font la gloire de leur patrie, mais ils sont encore grands dans le monde : l'adjectif *célèbres* est au masculin pluriel parce que le nom *hommes* qu'il qualifie est du masculin pluriel ; l'adjectif *leur* est au féminin singulier, parce que le nom *patrie*, qu'il détermine, est du singulier ; l'adjectif *grands* est au masculin pluriel parce que le pronom *ils* qu'il qualifie, est du masculin pluriel.

Cette règle générale exige plusieurs observations, d'abord sur les adjectifs qualificatifs, puis sur les adjectifs déterminatifs.

ADJECTIFS QUALIFICATIFS.

223. PREMIÈRE OBSERVATION. — Lorsque des adjectifs sont placés après deux ou plusieurs noms unis par *ou*, ils s'accordent avec le dernier nom. Ainsi, dans cet exemple : Une audace ou un patriotisme étonnant ; l'adjectif *étonnant* est au masculin singulier parce que placé après deux

noms joints par *ou* il s'accorde avec le dernier, *patriotisme*, qui est du masculin singulier.

224. Deuxième observation. — Lorsque les adjectifs sont placés après plusieurs noms synonymes, c'est-à-dire après plusieurs noms ayant à peu près la même signification, ils s'accordent avec le dernier. Ainsi, dans cette phrase : C'est la bravoure, la valeur seule qui anima ce soldat, l'adjectif *seule* étant placé après deux noms synonymes s'accorde avec le dernier nom, *bravoure*, qui est du féminin singulier.

225. Troisième observation. — Lorsque les adjectifs sont placés après plusieurs noms, dont le sens va en augmentant ou en diminuant, on dit alors que ces noms sont placés par gradation, ils s'accordent avec le dernier. Ainsi dans ces exemples : « Un discours, une phrase, un mot seul a suffi pour convaincre. Un mot, une phrase, un discours seul a suffi pour convaincre. »

L'adjectif *seul* est au masculin singulier, parce que, employé après des noms placés par gradation, il s'accorde avec le dernier, qui est du masculin singulier.

Nota. — Il est facile de comprendre que les adjectifs employés après plusieurs noms unis par *ou*, après plusieurs noms synonymes ou après ceux qui sont placés par gradation, ne s'accordent qu'avec le dernier, car il n'y a, en effet, que le dernier nom qui est qualifié, lui seul fixe l'attention ; il absorbe la pensée des autres et seul il est l'âme, il constitue le fond de ce que l'on dit.

226. — *Que savez-vous sur* feu?

Feu est variable, il s'accorde avec le nom qu'il qualifie, mais seulement lorsqu'il le précède immédiatement. Exemple : Votre *feue* mère, *feu* ma tante.

227. — *Que savez-vous sur* demi?

Demi est invariable lorsqu'il précède le nom qu'il qualifie. Exemples : Une *demi*-heure, des *demi*-rations. Dans ce cas, *demi* se joint au nom qui le suit par un trait-d'union.

Demi placé après le nom qu'il qualifie, n'en prend que le genre. Exemples : Deux heures et *demie*, deux kilos et *demi*.

Nota. — *Démi*, nom, prend le genre et le nombre. Exemple : Deux *demies* font un entier.

228. — *Que savez vous sur* nu ?

Nu, suivant le nom qu'il qualifie, s'accorde en genre et en nombre avec ce nom. Exemples : Il marche la tête *nue*; les jambes *nues*.

Nu, précédant le nom qu'il qualifie, reste invariable et se lie au nom par un trait-d'union. Exemples : Il marche *nu*-pieds, *nu*-tête.

229. — *Que savez-vous sur les participes-adjectifs :* attendu, compris, vu, supposé, *etc.*

Les participes-adjectifs tels que *attendu, compris, vu, supposé,* etc., sont invariables lorsqu'ils précèdent le nom qu'ils qualifient. Exemples : *Attendu* cette heure. *Vu* cette conclusion, etc.

Ces mêmes participes, placés après le nom, s'accordent en genre et en nombre. Exemples : Les heures *passées*. Les faits *supposés*.

REMARQUES SUR LES ADJECTIFS DÉTERMINATIFS.

ADJECTIFS NUMÉRAUX.

230. — *Les adjectifs numéraux cardinaux sont-ils variables ?*

Non, les adjectifs numéraux cardinaux sont invariables. Il y a parfois exception pour *vingt, cent, mille.*

231. — *Quand* vingt *et* cent *sont-ils variables ?*

Vingt et *cent* sont variables seulement dans leur nombre, c'est-à-dire prennent une *s* toutes les fois qu'ils sont multipliés par un adjectif numéral *cardinal* et qu'ils sont immédiatement suivis d'un nom exprimé ou sous-entendu. Exemples : Les trois *cents* Spartiates. Les quatre-*vingts* galères. Combien avez-vous de soldats, capitaine ? — Deux *cents.*

Dans tous les autres cas, *vingt* et *cent* sont invariables. Exemples : Quatre-*vingt*-deux hommes. Deux *cent* cinq pages. Feuillet quatre-*vingt.* L'an six *cent.*

232. — *Que savez-vous sur* mille ?

Mille s'écrit de trois manières :

5

Mille, adjectif numéral cardinal, a deux formes :

1° *Mille*, 2° *mil*.

Il s'écrit *mil* quand il sert à indiquer le nombre des années de l'ère chrétienne. Exemple : L'an *mil* huit cent soixante-dix fut une date néfaste pour la France.

Il s'écrit *mille* dans tous les autres cas. Exemple : quatre-vingt *mille* hommes.

Mille désignant une mesure de longueur est nom commun et varie comme tel. Exemples : un *mille* est plus grand qu'un kilomètre. Trois *milles* sont plus grands qu'une lieue.

ADJECTIFS INDÉFINIS

233. — *Que savez-vous sur aucun, et nul ?*

Aucun et son féminin *aucune*, *nul*, et son féminin *nulle*, ne prennent une *s* au pluriel qu'autant qu'ils déterminent des noms ne s'employant qu'au pluriel. Exemples : On ne fit *aucunes funérailles* à ces guerriers illustres ; on met *aucunes* au pluriel parce que le nom *funérailles* qu'il détermine ne s'emploie qu'au pluriel.

Quand cette place se rendit il n'y avait plus *nuls* vivres.

On met *nuls* au pluriel parce que le nom *vivres*, qu'il détermine, ne s'emploie qu'au pluriel.

234. — *Que savez-vous sur* même ?

-*Même* est adjectif ou adverbe.

Même, adjectif, est variable ; alors ou il précède le nom. Exemple : Il retombe toujours dans les *mêmes* fautes ; ou il suit soit un pronom. Exemple : Les animaux eux-*mêmes* avaient des temples en Égypte ; soit un seul nom. Exemple : Les ennemis *mêmes* honorent notre valeur.

-*Même*, adverbe, est invariable ; alors ou il modifie un verbe. Exemple : Les soldats ont franchi *même* les monts inaccessibles ; ou il est placé après plusieurs noms. Exemple : Les hommes, les femmes, les vieillards, les enfants *même* se sont armés pour repousser l'ennemi.

235. — *Que savez-vous sur* quelque ?

Quelque s'écrit de trois manières :

1° *Quelque* suivi d'un nom, ou d'un adjectif

immédiatement suivi d'un nom, est adjectif et s'accorde avec le nom qu'il détermine. Exemple : Dans ce régiment il y avait *quelques soldats* de Crimée et *quelques* vieux officiers décorés;

2° *Quelque*, modifiant un adjectif ou un adverbe, est adverbe et par conséquent invariable. Exemple : *Quelque braves* qu'aient été nos soldats ils ont succombé. *Quelque habilement* que soit conduite cette affaire elle échouera ;

3° *Quelque* suivi d'un verbe s'écrit en deux mots : *quel que*. Le premier mot *quel* est adjectif et s'accorde alors en genre et en nombre avec le sujet du verbe. Le deuxième mot *que* est conjonction et par conséquent invariable. Exemple : *Quelle que soit* votre position, ayez toujours foi dans l'avenir.

236. — *Que savez-vous sur* tout?

Tout est adjectif ou adverbe.

Tout est adjectif, et par conséquent variable, quand il exprime la totalité des personnes, des animaux ou des choses. Exemple : *Tous* les hommes sont frères.

Tout est adverbe, et par conséquent invariable, quand il signifie *tout à fait, entièrement, quelque*. Exemples : Ces enfants sont *tout joyeux* de leur promenade. Nous sommes *tout étonnés* de vos progrès.

NOTA. — *Tout*, bien qu'adverbe, et signifiant *tout-à-fait, entièrement*, est variable, mais seulement lorsqu'il est suivi d'un adjectif féminin commençant par une consonne ou une h aspirée. Exemple : *Toutes charmantes* que soient les roses, on se pique en les cueillant.

CHAPITRE XIX.

EMPLOI DES PRONOMS EN GÉNÉRAL.

237. — *Que savez-vous sur l'emploi des pronoms en général?*

Les pronoms, en général, ne s'emploient que

pour tenir la place des noms. Ainsi on écrira : La paresse est odieuse, *elle* est la mère de tous les vices. Dans cet exemple, le pronom *elle* tient la place du nom paresse, qui est du féminin singulier.

PRINCIPALES REMARQUES SUR LES DIFFÉRENTES SORTES DE PRONOMS.

PRONOMS PERSONNELS

238. — *Que savez-vous sur le pronom* leur ?

Le pronom *leur*, suivi ou précédé d'un verbe, ne prend pas la lettre s ; il est alors pronom personnel. Ainsi on dira : voici nos serviteurs, donnons-*leur* nos ordres et qu'on les *leur* fasse exécuter. Les deux pronoms *leur* sont invariables parce qu'ils sont, le premier après le verbe donnons, le deuxième avant le verbe fasse.

239. — *Qu'y a-t-il à remarquer sur l'emploi des pronoms* le, la, les ?

Les pronoms *le*, *la*, *les* s'emploient pour tenir la place des noms déterminés, *le* pour un nom masculin singulier, *la* pour un nom féminin singulier, *les* pour un nom pluriel. Ainsi on dira : Monsieur, êtes-vous le père de cet enfant ? — Oui, je *le* suis. Madame, êtes-vous la mère de cet enfant ? — Je *la* suis. Messieurs, êtes-vous les médecins de cet hôpital ? — Oui, nous *les* sommes.

Dans le premier exemple, on emploie le pronom *le* parce qu'il tient la place du nom masculin singulier père, qui est déterminé. Pour de pareilles raisons, on emploie le pronom *la* dans le deuxième exemple, et le pronom *les* dans le troisième exemple. Il n'y a que le pronom *le* qui puisse tenir la place de noms indéterminés ou d'adjectifs. Ainsi on dira : Messieurs, êtes-vous avocats? Nous *le* sommes. Dans cet exemple, on emploie *le* parce que le nom avocats, dont il tient la place, est indéterminé. Enfants, êtes-vous instruits? — Nous *le* sommes. Dans cet exemple, on emploie le pronom *le* parce qu'il tient la place de l'adjectif instruits.

240. — *Que savez-vous sur* lui, elle, eux, elles ?

Les pronoms *lui*, *elle*, *eux*, *elles*, précédés d'une préposition, ne s'emploient que pour désigner : 1° des personnes, 2° des animaux ou des choses personnifiées. Ainsi on dira : Laissez entrer Monsieur, c'est de *lui* qu'il s'agit. Madame est ma bienfaitrice, c'est à *elle* que je m'adresserai. Si les mêmes phrases devaient être au pluriel, on se servirait des pronoms pluriels *eux*, *elles*.

Pour tenir la place d'animaux ou de choses, on remplace les pronoms *lui*, *elle*, *eux*, *elles*, par les pronoms *en* ou *y*. Pour cela on donne une autre tournure à la phrase. Ainsi on dira : J'ai vu vos devoirs, j'*en* suis satisfait; mais on ne dira pas : Je suis satisfait *d'eux*. C'est ici mon jardin, j'*y* vais pour me promener. Ici encore on ne dirait pas : Je vais à *lui* pour me promener, etc., vu que le pronom tient la place d'une chose.

241. — *Que savez-vous sur* soi ?

Le pronom *soi* s'emploie pour tenir la place des personnes, des animaux et des choses; mais pour tenir la place des personnes, il faut que ce soit après un infinitif, après un mot ou une expression vague. Ainsi on dira : Travailler pour *soi*. Quiconque n'aime que *soi* est égoïste. L'aimant attire le fer à *soi*. Dans ces trois exemples, on emploie le pronom *soi* parce qu'il est placé : après un infinitif dans le premier exemple, après une expression vague dans le deuxième, et que dans le troisième il tient la place d'une chose, l'aimant.

PRONOMS DÉMONSTRATIFS

242. — *Que savez-vous sur les pronoms* celui-ci, celui-là, ceci, cela ?

Quand on veut désigner différents noms de même nature, on emploie *celui-ci* ou *celui-là*, *ceci* ou *cela*, selon que les noms dont on parle sont ou plus près ou plus loin. Ainsi, quand on voudra désigner les noms les plus près on emploiera *celui-ci* ou *ceci*, et quand on voudra désigner les noms les plus éloignés, on emploiera *celui-là* ou *cela*. On dira donc : Moreau et Hoche furent deux grands généraux, mais *celui-là* trahit sa patrie, tandis que *celui-ci* mourut en la servant. Deux morceaux de sucre sont sur une table, le père, les montrant à son petit enfant, dira : *Ceci* (en montrant le plus proche) est un morceau de sucre rouge, *cela* (en montrant le plus éloigné) est un morceau de sucre blanc.

Nota. — Quand on emploie *celui-ci* on peut employer également *ceux-ci*, *celle-ci*, *celles-ci*, selon que l'on désigne des noms masculin pluriel, féminin singulier, féminin pluriel.

Pour les mêmes raisons, quand on emploie *celui-là* on peut, suivant le cas, employer *ceux-là*, *celle-là*, *celles-là*.

PRONOMS RELATIFS.

243. — *Dites ce que vous savez sur le pronom qui ?*

Le pronom relatif *qui* est toujours du même genre, du même nombre et de la même personne que son antécédent, c'est-à-dire que le mot qu'il remplace. L'antécédent de *qui* est généralement le mot qui le précède immédiatement, et ce mot est un nom, un pronom ou un adjectif déterminé. Il suit de là qu'on écrira : Moi qui *suis*, toi qui *es*, lui qui *est*, nous qui *sommes*, vous qui *êtes*, eux qui *sont*. Vous êtes trois qui *êtes* arrivés. Vous êtes les trois qui *sont* arrivés. Dans les six premiers exemples, l'antécédent de *qui* est le pronom qui le précède. Dans le septième exemple, l'antécédent de *qui* ce n'est pas l'adjectif *trois* qui est indéterminé, mais bien le pronom *vous* de la deuxième personne du masculin pluriel. Dans le huitième exemple, l'antécédent est le mot *trois* déterminé par l'article *les*. Or, comme *trois* est de la troisième personne du pluriel, il s'ensuit qu'on écrit le verbe à la troisième personne du pluriel.

Le pronom *qui*, précédé d'une préposition, ne tient la place que de noms *de personnes*. Ainsi, l'on dira : L'homme à *qui* je parle. On emploie le pronom *qui* vu qu'il tient la place d'un nom de personne, le nom homme. Dans cet autre exemple : Les travaux *auxquels* je me livre, on emploie le pronom *auxquels* au lieu du pronom *qui*, vu que l'on parle de choses.

PRONOMS INDÉFINIS.

244. — Que savez-vous sur le pronom on ?

Le pronom *on*, qui est généralement du masculin, devient féminin lorsque l'on parle d'une personne féminine. Ainsi on écrira : On est *heureuse* quand on est mère. Dans cet exemple, *on* est féminin, vu qu'il désigne une femme ; aussi l'adjectif *heureuse*, qui qualifie le pronom *on*, s'écrit-il au féminin.

245. — Que savez-vous sur chacun ?

Le pronom *chacun* demande après lui tantôt *son, sa, ses*, et tantôt *leur*.

Il demande *leur* quand le sens de la phrase est incomplet avant *chacun*. Ainsi on dira : Replacez *chacun* à *leur* place les livres que vous avez dérangés. On emploie le pronom *leur* après *chacun* parce que le sens de la phrase est incomplet avant ce mot.

Quand le sens de la phrase qui précède *chacun* est complet, c'est *son, sa, ses* qu'il faut employer. Ainsi on dira : Replacez les livres que vous avez dérangés, *chacun* à *sa* place. On emploie *sa* au lieu de *leur* parce que le sens de la phrase qui précède *chacun* est complet.

246. — Que savez-vous sur l'un et l'autre ; l'un l'autre ?

Les pronoms *l'un* et *l'autre*, *les uns* et *les autres* servent à tenir la place de noms marquant seulement une idée de pluralité. Ainsi on dira : Soldats, *l'un* et *l'autre*, *les uns* et *les autres*, vous servirez la patrie. Dans cet exemple il y a idée de pluralité : c'est *l'un* d'abord, puis c'est *l'autre* ; ce sont *les uns*, et puis ce sont *les autres*.

Les pronoms *l'un l'autre*, *les uns des autres*, non-seulement marquent une idée de pluralité, mais encore une idée de réciprocité. Ainsi on dira : Enfants, aimez-vous *les uns des autres*. L'emploi du pronom *les uns les autres* éveille en notre esprit, avec l'idée de pluralité, l'idée de réciprocité. En effet, ce que l'un fait, l'autre le fait, le premier rend au second ce que le second fait au premier : c'est ce qu'on appelle réciprocité.

CHAPITRE XX.

ACCORD
DU VERBE AVEC SON SUJET.

247. — *Comment s'accorde le* verbe ?

Le *verbe* s'accorde en nombre et en personne avec son *sujet.* Ainsi, dans cet exemple : Nous aimons notre patrie. Le verbe est *aimons;* le sujet est *nous.* Or, comme le sujet *nous* est du nombre pluriel et de la première personne, on écrit le verbe au nombre pluriel et à la première personne. Le *verbe* doit donc toujours être à la même personne et au même nombre que son *sujet.* Si le *sujet* est de la première, de la deuxième ou de la troisième, le *verbe* est à la première ou à la deuxième personne. Enfin, le *verbe* est au singulier ou au pluriel, selon que le *sujet* est du singulier ou du pluriel.

248. — *Comment s'accorde le* verbe *ayant plusieurs* sujets singuliers ?

Le *verbe* ayant pour sujet plusieurs *singuliers* se met au *pluriel ;* mais si les *sujets* sont de différentes personnes, le *verbe* s'accorde avec celle qui a la *priorité.* Par *priorité,* dans les trois personnes du *verbe,* on entend l'ordre qu'elles suivent lorsque plusieurs sont dans la même phrase ; Le mot *priorité* veut donc dire : qui passe en premier lieu. Ainsi, la première a la *priorité* sur la deuxième, et la deuxième sur la troisième. Il est bien entendu que la *priorité* a lieu aussi quand les *sujets* sont du *pluriel.* Dans ces exemples : L'*honnêteté* et la *vertu peuvent* être le partage de tous, *toi* et *moi irons* à la pro-

menade. Les deux verbes : 1° *peuvent*, 2° *irons*,
sont au nombre *pluriel* parce qu'ils ont chacun
plusieurs *sujets singuliers* et que deux *sujets
singuliers* valent un *pluriel*. En outre, 1° le verbe
peuvent est à la troisième personne parce que ses
deux sujets *honnêteté* et *vertu* sont de la troisième
personne, 2° *irons* est à la première personne
parce que ses deux sujets étant de différentes
personnes ce verbe s'accorde avec la personne
qui a la priorité ; c'est ici la première personne.

PRINCIPALES EXCEPTIONS A LA RÈGLE GÉNÉRALE.

249. — *Comment s'accorde le* verbe *lorsqu'il
a plusieurs* sujets ?

Quand le *verbe* a plusieurs *sujets*, il s'accorde
seulement avec le dernier dans les cas suivants :

1° Lorsque les *sujets* sont *synonymes*, c'est-à-
dire qu'ils ont à peu près la même *signification*.
Ainsi on écrira : La *bravoure*, la *valeur* de ce
capitaine *encourage* le soldat. Ces deux sujets,
bravoure et *valeur*, étant *synonymes*, le verbe
encourage s'accorde avec le dernier qui est *valeur*.

2° Lorsque les *sujets* sont unis par la conjonction *ou*. Ainsi on écrira : Le patriotisme *ou* la
la vanité *fit* faire à ce soldat un coup des plus
hardis. Les deux sujets, *patriotisme* et *vanité*,
étant unis par la conjonction *ou*, le verbe *fit*
s'accorde avec le dernier nom, qui est *vanité*.

3° Lorsque les *sujets* sont placés par *gradation*,
c'est-à-dire qu'ils vont en *augmentant* ou en
diminuant, relativement au sens, du premier
au dernier. Ainsi on écrira : Un *discours*, une
phrase, un *mot* prononcé à propos peut bien
des choses. Un *mot*, une *phrase*, un *discours*
prononcé à propos fait bien des choses. Les trois
noms : *discours, phrase, mot*, du premier exemple,
étant placés par *gradation*, le verbe *peut* s'accorde
avec le dernier qui est *mot*.

Les mêmes noms : *mot, phrase, discours*,
du deuxième exemple, étant placés par *gradation*, le verbe *fait* s'accorde avec le dernier qui
est *discours*.

NOTA. — Dans le premier exemple, la *gradation* est dite *descendante*, parce que les sujets

5.

du premier au dernier, vont en diminuant, relativement à leur sens.

Dans le deuxième, au contraire, la *gradation* est dite *ascendante* parce que les sujets du dernier au premier vont en augmentant, relativement à leur sens.

Suite des exceptions à la règle générale.

Quand le verbe a plusieurs sujets il ne s'accorde qu'avec le premier, lorsque ces sujets sont joints par l'une des conjonctions : *comme, de, même que, ainsi que, aussi bien que.* Ainsi on écrira : L'homme mûr, aussi bien que l'enfant, a besoin de conseils. Les deux sujets, *homme* et *enfant*, étant joints par la locution conjonctive *aussi bien que*, le verbe *a* s'accorde avec le premier qui est *homme.* Dans ces sortes de phrase, le premier sujet est le sujet du verbe exprimé et l'autre sujet est le sujet du verbe sous-entendu. Le sens de la phrase ci-dessus est celui-ci : L'homme mûr a besoin de conseils, aussi que bien l'enfant a besoin de conseils.

250. — *Comment s'accorde le verbe quand il a pour sujet* ni l'un ni l'autre ?

Quand le verbe a pour sujet *ni l'un, ni l'autre,* il se met à la troisième personne du pluriel si les deux sujets peuvent faire l'action exprimée par le verbe. Ainsi on écrira : *Ni l'un ni l'autre* n'auront de prix. Les deux sujets, *ni l'un ni l'autre,* pouvant faire l'action exprimée par le verbe, il s'ensuit que le verbe s'écrit à la troisième personne du pluriel.

Le verbe se met à la troisième personne du singulier quand les sujets ne peuvent faire ensemble l'action exprimée par le verbe. Ainsi, dans cet exemple : *Ni l'un ni l'autre* n'obtiendra le grand prix du concours. Les deux sujets, *ni l'un ni l'autre,* ne pouvant faire ensemble l'action exprimée par le verbe, il en résulte que le verbe s'écrit à la troisième personne du singulier. En effet, l'action d'obtenir un grand prix ne peut être faite par deux à la fois.

251. — *Qu'y-a-t-il à remarquer sur le verbe* être *précédé de* ce ?

Le verbe *être* précédé de *ce* se met à la troisième personne du singulier ou du pluriel.

Il se met à la troisième personne du pluriel toutes les fois qu'il est suivi d'un sujet de la troisième personne du pluriel. Ainsi on écrira : *C'étaient* partout des morts et des mourants. Le verbe *être* se met à la troisième personne du pluriel *étaient* parce qu'il a pour sujets *morts* et *mourants*, de la troisième personne du pluriel.

Il se met à la troisième personne du singulier dans tous les autres cas, qu'il soit suivi 1° d'un ou plusieurs sujets singuliers ; 2° d'un ou plusieurs sujets pluriels de la première ou de la deuxième personne.

Ainsi on écrira : C'est le patriotisme et la vanité qui conduisaient ce soldat. C'est vous et nous qui irons devant. Dans le premier exemple, le verbe *est* se trouve à la troisième personne singulière parce qu'il est suivi de deux sujets singuliers : *patriotisme* et *vanité*.

Dans le deuxième exemple, le verbe *est* se trouve aussi écrit à la troisième personne singulière, parce qu'il est suivi de deux sujets pluriels qui ne sont point de la troisième personne : *nous* de la première personne, *vous* de la deuxième.

252. *Comment s'accorde le verbe quand il a pour sujet un collectif.*

Quand le verbe a pour sujet un collectif, il s'accorde le plus souvent avec le collectif, lorsque ce collectif est général, et avec le complément du collectif lorsqu'il est partitif. Ainsi on écrira : La troupe de soldats *est passée*. Le verbe *est passée* s'accorde avec troupe, qui est un collectif général. Une troupe de soldats *ravagèrent* nos contrées. Le verbe *ravagèrent* s'accorde avec soldats, complément de troupe, qui est un collectif partitif.

Il y a beaucoup d'exceptions à cette règle : aussi faut-il surtout consulter le sens de la phrase.

COMPLÉMENTS DES VERBES.

253. *Qu'y a t-il à remarquer sur les compléments des verbes ?*

Il faut remarquer que plusieurs verbes peuvent avoir plusieurs compléments, mais il ne faut donner à chaque verbe que les compléments qui lui conviennent. On dira donc : Les ennemis *envahirent* et *ravagèrent* notre belle patrie. Mais on ne dira pas : Napoléon Ier *assiégeait* et *s'emparait* des capitales de l'Europe. Dans le premier cas, les deux verbes exigent un complément direct ; dans le second les deux verbes, *assiégeait* et *s'emparait*, exigent un complément différent. C'est pourquoi l'on doit dire : Napoléon Ier *assiégeait* les capitales de l'Europe et s'en *emparait*.

D'après la même règle, on ne dira pas : La personne que vous m'avez parlé, je *m'en* rappelle ; mais on dira : *je me* rappelle la personne dont vous m'avez parlé, parce que le verbe *se rappeler* exige un complément direct, le verbe *parler*, un complément indirect.

EMPLOI DES AUXILIAIRES.

254. — *Quel est l'emploi des deux auxiliaires?*
L'auxiliaire *avoir* aussi bien que l'auxiliaire *être* s'emploie seulement dans les temps composés des autres verbes.

AUXILIAIRE AVOIR.

255. — *Dans quels verbes s'emploie l'auxiliaire* avoir?
L'auxiliaire *avoir* s'emploie dans les temps composés :
1° Des verbes actifs ;
2° De certains verbes neutres ;
3° De certains verbes unipersonnels ;
4° Du verbe être.

AUXILIAIRE ÊTRE.

256. — *Dans quels verbes s'emploie l'auxiliaire* être?
L'auxiliaire *être* s'emploie dans les temps composés :
1° Des verbes pronominaux ;

2° De certains verbes neutres;
3° De certains verbes unipersonnels ;
4° Dans tous les temps des verbes passifs.

EMPLOI DES MODES ET DES TEMPS.

Nous avons vu que les verbes ont cinq manières d'exprimer l'action ou l'état. Faire connaître l'emploi des verbes dans chacune de ces cinq manières ou modes, tel est l'objet de ce chapitre.

EMPLOI DES MODES.

Mode indicatif.

257. — *Qu'est-ce que le mode indicatif ?*
Le mode *indicatif* est celui qui exprime l'action ou l'état d'une manière affirmative, positive. Ainsi dans ces exemples : Tous les hommes *sont* frères; tous les hommes *mourront.* Les verbes *sont* et *mourront* expriment : l'un l'état, l'autre l'action, mais d'une manière *affirmative, positive* : ils sont donc au mode *indicatif.*

Mode conditionnel.

258. — *Qu'est-ce que le mode conditionnel ?*
Le mode *conditionnel* est celui qui exprime l'action ou l'état d'une manière conditionnelle, c'est-à-dire dépendante d'une condition. Dans cet exemple : Tous les hommes *seraient* heureux *s'ils savaient* se contenter de ce qu'ils ont, le verbe *seraient* est au mode *conditionnel* parce qu'il exprime l'action d'une manière conditionnelle, c'est-à-dire dépendante d'une condition : *s'ils savaient se contenter de ce qu'ils ont.*

Mode impératif.

259. — *Qu'est-ce que le mode impératif ?*
Le mode *impératif* est celui qui exprime l'action ou l'état d'une manière autoritaire, c'est-à-dire qui n'a lieu que par suite d'un commandement, d'une exhortation. Ainsi, dans cet exem-

ple : *Souviens*-toi de ton origine, le verbe *souviens* est au mode *impératif* parce qu'il exprime
l'action d'une manière autoritaire, c'est-à-dire
n'ayant lieu que par suite d'un commandement,
d'une exhortation.

Mode subjonctif.

260. — *Qu'est-ce que le mode subjonctif ?*
Le mode *subjonctif* est celui qui exprime
l'action ou l'état d'une manière dépendante.
Ainsi, dans cet exemple : Il faut que dans la vie
publique chacun *concoure* au bien de tous, le
verbe *concoure* est au mode *subjonctif*, parce
qu'il exprime l'action d'une manière indépen-
dante. En effet, l'action exprimée par ce verbe
est dépendante du verbe falloir (Il faut).

Mode infinitif.

261. — *Qu'est-ce que le mode infinitif ?*
Le mode *infinitif* est celui qui exprime l'action
ou l'état d'une manière vague, sans indication
de nombre ni de personne. Ainsi, dans cet
exemple : *Aimer, servir, défendre* sa patrie,
voilà la devise de tout bon citoyen, les trois
verbes : *Aimer, servir, défendre* sont au mode
infinitif, parce qu'ils expriment l'action d'une
manière vague, sans désignation de nombre ni
de personnes.

EMPLOI DES CINQ TEMPS PASSÉS.

262. — L'*imparfait* exprime une action ou
un état passé, mais en même temps qu'une
autre action ou qu'un autre état également passé.
Dans cet exemple : Ces personnes *finissaient*
leurs travaux quand on vint les chercher; l'imparfait *finissaient*, du verbe finir, exprime bien
une action passée, mais en même temps qu'une
autre action également passée : *quand on vint
les chercher.*
263. — Le *passé défini* exprime une action ou
un état passé, totalement passé. Exemple : Dans
l'invasion de 1870, nos ennemis eux-mêmes

honorèrent la bravoure de nos soldats. Le passé défini *honorèrent*, du verbe honorer, exprime bien une action passée, totalement passée.

264. — Le *passé indéfini* exprime une action ou un état passé ou non passé entièrement. Exemple : Les élèves qui *ont* très-bien *fait* leur devoir hier, n'ont pas *réussi* aujourd'hui. Les deux verbes, *faire* et *réussir*, sont employés au *passé indéfini*; ils expriment le premier, *ont fait*, une action entièrement passée, et le deuxième *ont réussi* une action qui n'est pas encore entièrement passée.

265. — Le *passé antérieur* exprime une action ou un état passé, mais immédiatement avant une autre action ou un autre état également passé. Ainsi, dans cet exemple : Les ennemis commencèrent leurs ravages dès qu'ils *eurent envahi* notre patrie. Le passé antérieur *eurent envahi*, du verbe envahir, exprime bien une action passée, mais une action passée avant une autre également passée (l'action exprimée par le verbe *commencèrent*).

266. — Le *plus-que-parfait* exprime une action ou un état déjà passé avant une autre action ou un autre état également passé. Exemple : Les Allemands *avaient rançonné* tous nos villages quand ils les quittèrent. L'action exprimée par le verbe *avaient rançonné* était déjà passée alors qu'une autre action également passée se faisait (alors que les Prussiens quittèrent nos villages).

EMPLOI DES DEUX TEMPS FUTURS

267. — Le *futur simple* exprime une action ou un état à venir. Ainsi, dans cette phrase : *Nous irons* à la promenade, le futur *irons*, du verbe aller, exprime bien une action à venir.

268. — Le *futur antérieur* exprime une action ou un état à venir, mais avant une autre action ou un autre état également à venir. Exemple : Quand nous nous *serons préparés* nous irons vous rejoindre. Le futur antérieur *serons préparés* du verbe passif être préparé, exprime bien une action à venir ayant lieu

avant une autre action également à venir : *nous irons vous voir.*

269. — Le *présent* exprime une action ou un état présent, c'est-à-dire une action se faisant ou un état étant au moment de la parole. Exemples : *J'attends vos ordres. Je suis prêt.*

CONCORDANCE DES TEMPS DU SUBJONCTIF AVEC CEUX DE L'INDICATIF ET DU CONDITIONNEL.

270. — *Que savez-vous sur l'emploi des temps du* subjonctif?

Le *présent du subjonctif* s'emploie après soit le *présent*, soit le *futur*, soit le *futur antérieur* de l'*indicatif* pour exprimer un *présent* ou un *futur*. Exemple : *Je désire, je désirerai, j'aurai désiré que tu partes* cette semaine ou la semaine prochaine au plus tard.

Le *passé du subjonctif* s'emploie après soit le *présent*, soit le *futur*, soit le *futur antérieur* de l'*indicatif* pour exprimé un passé. Exemple : *Je désire, je désirerai, j'aurai désiré que tu sois parti* la semaine dernière.

NOTA. — Cependant, au lieu du *présent* et du *passé du subjonctif* on emploie l'*imparfait* et le *plus-que-parfait du subjonctif* toutes les fois que le verbe est suivi d'une expression conditionnelle; on emploie l'*imparfait* pour exprimer un *présent*, et le *plus-que-parfait* pour exprimer un *passé*. Exemple : *Je crains que vous fussiez parti, si l'on ne vous y eût forcé.*

IMPARFAIT DU SUBJONCTIF.

271. — *Quand emploie-t-on l'imparfait du* subjonctif?

On emploie l'*imparfait du subjonctif* après l'*imparfait*, le *plus-que-parfait*, les *passés* et les *conditionnels* pour exprimer un *présent* ou un *futur* relativement au verbe qui précède. Exemple : *Je désirais, je désirai, j'ai désiré,*

*j'eus désiré, j'avais désiré, je désirerais, j'au-
rais désiré, j'eusse désiré, que vous partissiez*
très-prochainement.

PLUS-QUE-PARFAIT DU SUBJONCTIF.

272. — *Quand emploie-t-on le plus-que-parfait du subjonctif ?*

On emploie le *plus-que-parfait du subjonctif*
après l'*imparfait*, le *plus-que-parfait*, les *passés*
et les *conditionnels* pour exprimer un passé relativement au verbe qui précède. Exemple : *Je
désirais, je désirai, j'ai désiré, j'eus désiré,
j'avais désiré, je désirerais, j'aurais désiré,
j'eusse désiré que vous fussiez parti* la semaine
dernière.

OBSERVATIONS SUR L'EMPLOI DE QUELQUES AUTRES TEMPS.

273. — *Que savez-vous sur l'emploi des autres
temps du verbe ?*

Quand on exprime une action qui a lieu dans
tous les temps on emploie le *présent de l'indicatif* au lieu de l'*imparfait de l'indicatif*. Ainsi
on dira : Galilée était persuadé que la terre
tourne autour du soleil au lieu de *tournait.*

274. — Le *présent du subjonctif* s'emploie
après les verbes qui expriment le doute, la
crainte, le désir, la volonté, le commandement.
Exemple : Ernest doute *que vous réussissiez,*
craint *que vous échouiez;*

Après les verbes unipersonnels. Exemple : Il
faut *que vous arriviez;*

Après un verbe interrogatif. Exemple : Pen-
sez-vous *qu'il réussisse;* ou, accompagné d'une
négation. Exemple : Je ne pense pas *qu'il mente;*

Après quelque, quoique; quelque bon *que
vous soyez, quoiqu'il vienne,* et certaines locutions conjonctives. Exemple : Afin *que vous
veniez,* pourvu *que vous arriviez.*

Après, soit un adjectif accompagné de le
moins, le plus, le premier, le second, le dernier. Exemple : La vertu est le plus bel orne-

ment *que puisse désirer* l'enfant ; soit un pronom relatif précédé de *aucun*, le, seul, nul peu, rien. Exemple : Il n'est *aucun* sentiment généreux *qui ne soit* du cœur français.

REMARQUES PARTICULIÈRES SUR L'ACCORD DE CERTAINS PARTICIPES PASSÉS AVEC LEUR COMPLÉMENT DIRECT.

275. — *Que savez-vous sur le participe passé suivi d'un verbe au présent de l'infinitif ?*

Le participe passé suivi d'un verbe au présent de l'infinitif a pour complément direct ou le présent de l'infinitif, ou le mot représentant la personne, l'animal ou la chose faisant l'action exprimée par le présent de l'infinitif.

Dans le premier cas, le participe passé est invariable parce que le mot représentant la personne, l'animal ou la chose dont on parle, ne fait pas l'action exprimée par le présent de l'infinitif. Dans le second cas, il est, au contraire, variable ; alors, la personne, l'animal ou la chose dont on parle fait l'action exprimée par le présent de l'infinitif.

Ainsi, soient ces deux exemples : Les roses que nous avons *vu* cueillir. Les personnes que nous avons *entendues* lire.

Dans le premier exemple, le participe passé *vu* est invariable parce qu'il a pour complément direct le verbe cueillir. En effet, les roses ne font pas l'action exprimée par le verbe cueillir ; il est évident que des roses ne peuvent cueillir.

Dans le deuxième exemple, le participe *entendues* est variable parce qu'il a pour complément direct le mot représentant les personnes faisant l'action exprimée par le présent de l'infinitif *lire*. En effet, c'étaient bien les personnes qui lisaient, qui faisaient l'action de lire.

Nota. — Le participe passé *fait* suivi d'un infinitif est toujours invariable. Exemple : Les pommes qu'on a *fait* tomber.

276. — Quand un participe passé a pour complément direct l'expression *le peu*, suivie d'un complément déterminatif, le participe s'accorde ou avec *le peu* masculin singulier, ou avec le complément de *le peu*. Il s'accorde avec *le peu* quand il y a manque. Il s'accorde, au contraire, avec le complément de *le peu* quand il y a quantité suffisante. Ainsi, soient ces deux exemples : *Le peu* de soins qu'on lui a *donnés* a rétabli sa santé. *Le peu* de soins qu'on lui a *donné* a hâté l'heure fatale de sa mort. Dans le premier exemple, le participe *donnés* s'accorde avec *soins*, complément de *le peu*, vu qu'il y a quantité suffisante ; c'est évident, puisque la personne a été rétablie. Dans le deuxième exemple, le participe passé *donné* s'accorde avec *le peu*, masculin singulier, vu qu'il y a manque; c'est ce qui est évident puisque la personne a été plutôt morte.

CHAPITRE XXI.

MOTS INVARIABLES

ADVERBES.

277. — *Qu'y a-t-il à remarquer sur* alentour, auparavant, etc.?

Alentour, auparavant, davantage, dedans, dehors, dessus, dessous n'admettent pas de complément. Exemple : On dit marcher *alentour*, écrire *auparavant*, parler *davantage*, aller *dedans*, être *dehors*, marcher *dessus*.

278. — *Qu'y a-t-il à remarquer sur* de suite, *et* tout de suite ?

De suite signifie successivement. Exemple : Cet enfant ne saurait dire deux mots *de suite*.

Tout de suite signifie immédiatement. Exemple : Il faut que les soldats obéissent *tout de suite*.

279. — *Qu'y a-t-il à remarquer sur* plus tôt ?

Plus tôt s'écrit en deux mots lorsqu'il est l'opposé de plus tard. Exemple : Le courrier partira *plus tôt* que d'habitude.

Plutôt s'écrit en un seul mot lorsqu'il exprime une idée de préférence. Exemple : *Plutôt* mourir que de manquer à sa patrie.

PRÉPOSITION

280. — *Qu'y a-t-il à remarquer sur* **au travers, à travers?**

Au travers demande après lui la préposition *de.* Exemple : *Au travers* du mur, *au travers* de la muraille.

À travers ne demande aucune préposition. Exemple : *À travers* le mur.

281. — *Qu'y a-t-il à remarquer sur* **en face, près,** etc?

En face, près, proche, vis-à-vis, doivent être suivis de prépositions. Exemple : Cet homme demeure *en face de, près de* l'église, *proche de, vis-à-vis de* la place.

282. — *Qu'y a-t-il à remarquer sur* **près de** et **prêt à?**

Près de, prêt à. Près de signifie sur le *point de.* Exemple : L'esclavage est *près de* disparaître.

Prêt à signifie *disposé à.* Exemple : L'homme doit toujours être *prêt à* mourir.

283. — *Qu'y a-t-il à remarquer sur* **voici** et **voilà?**

Voici, voilà. Voici se dit de ce qui est proche ou de ce que l'on va dire. *Voilà,* au contraire, se dit de ce qui est plus éloigné ou de ce que l'on vient de dire. Exemple : *Voici votre maison,* en montrant la plus proche. *Voilà notre maison,* en montrant la plus éloignée. *Voici* une parole de Bonaparte : Soldats, du haut de ces pyramides (en leur montrant les pyramides d'Egypte), quarante siècles vous contemplent. L'homme est une intelligence servie par des organes, *voilà* une belle définition de l'homme.

CONJONCTION

284. — *Qu'y a-t-il à remarquer sur* **parce que?**

Parce que écrit en deux mots signifie *attendu*

que, par la raison que. Exemple : Ces élèves ont eu des prix parce qu'ils ont bien travaillé.

Par ce que écrit en trois mots signifie par la chose que. Exemple : Par ce que montrent les enfants, on peut prévoir leur avenir.

285. — Qu'y a-t-il à remarquer sur quand ?

Quand, écrit avec un d, est conjonction et signifie lorsque, à quelle époque. Exemple : Quand on veut la paix, il faut être prêt à la guerre.

Quant, écrit avec un t, est préposition et signifie à l'égard de, pour ce qui est de. Exemple : Quant à votre avenir, enfants, il sera tel que vous le ferez.

286. — Qu'y a-t-il à remarquer sur quoique ?

Quoique écrit en seul mot signifie bien que. Exemple : Quoique l'indigent vous importune ne le repoussez pas, mais partagez avec lui.

Quoi que écrit en deux mots signifie quelle que soit la chose que. Exemple : Le méchant, quoi qu'il fasse, est puni tôt ou tard.

FIN.

POUR PARAITRE

1º Le livre des exercices, complément indispensable à cette grammaire.

2º L'histoire de France d'après les nouveaux programmes et véritablement mise à la portée des élèves de nos écoles primaires.

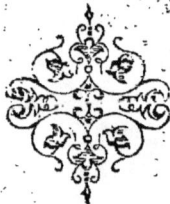

www.ingramcontent.com/pod-product-compliance
Lightning Source LLC
Chambersburg PA
CBHW052220270326
41931CB00011B/2427